# 杭州优秀传统文化丛书编纂委员会

主　编：周江勇
副主编：戚哮虎　许　明　陈国妹
编　委（按姓氏笔画排序）：

|  |  |  |  |
|---|---|---|---|
| 王　希 | 王　敏 | 王利民 | 王宏伟 |
| 方　毅 | 冯　晶 | 朱建明 | 朱党其 |
| 刘　颖 | 江山舞 | 许德清 | 杨国正 |
| 吴玉凤 | 应雪林 | 汪华瑛 | 沈建平 |
| 张鸿斌 | 陆晓亮 | 陈　波 | 陈　瑾 |
| 陈如根 | 邵根松 | 范　飞 | 卓　超 |
| 周　澍 | 郎健华 | 胡征宇 | 姚　坚 |
| 翁文杰 | 高小辉 | 高国飞 | 黄昊明 |
| 黄海峰 | 龚志南 | 章登峰 | 蒋文欢 |
| 程华民 | 童伟中 | 童定干 | 谢建华 |
| 楼俪捷 |  |  |  |

杭州优秀传统文化丛书

周江勇 主编

# 良臣别传

沈荣 著

杭州出版社

图书在版编目（CIP）数据

良臣别传 / 沈荣著 . -- 杭州 : 杭州出版社，2020.9
（杭州优秀传统文化丛书 / 周江勇主编）
ISBN 978-7-5565-1359-8

Ⅰ . ①良… Ⅱ . ①沈… Ⅲ . ①政治人物—列传—杭州—唐代—清代 Ⅳ . ① K827=4

中国版本图书馆 CIP 数据核字（2020）第 175571 号

Liangchen Biezhuan

## 良臣别传

沈　荣 / 著

责任编辑　蒋晓玉
装帧设计　李轶军　祁睿一
美术编辑　卢晓明
责任校对　陈铭杰
责任印务　姚　霖
出版发行　杭州出版社（杭州西湖文化广场32号6楼）
　　　　　电话：0571-87997719　邮编：310014
　　　　　网址：www.hzcbs.com
排　　版　浙江时代出版服务有限公司
印　　刷　杭州日报报业集团盛元印务有限公司
经　　销　新华书店
开　　本　710 mm × 1000 mm　1/16
印　　张　17.75
字　　数　218千
版 印 次　2020年9月第1版　2020年9月第1次印刷
书　　号　ISBN 978-7-5565-1359-8
定　　价　48.00元

（版权所有　侵权必究）

# 寄 语

　　中华优秀传统文化是中华民族的精神命脉，是我们在世界文化激荡中站稳脚跟的坚实根基。杭州拥有实证中华五千多年文明史的圣地良渚古城遗址，是首批国家历史文化名城和中国七大古都之一，历史给杭州留下了众多优美的传说、珍贵的古迹和灿烂的诗篇。西湖、大运河、良渚三大世界遗产和灵隐寺、岳庙、六和塔等饱经沧桑的名胜古迹，钱镠、白居易、苏轼、岳飞、于谦等名垂青史的风流人物，西泠篆刻、蚕桑丝织技艺、浙派古琴艺术等代代传承的非物质文化遗产，形成了完整的文化序列、延绵的城市文脉。"杭州优秀传统文化丛书"旨在保护城市文化遗存、弘扬优秀传统文化，包括一部专著和十个系列一百余册书籍，涵盖城史文化、山水文化、名人文化、遗迹文化、艺术文化、思想文化等方方面面，以读者为中心，具有"讲故事、轻阅读、易传播"的特点。希望广大读者能通过这套丛书，走进处处有历史、步步有文化的人间天堂，品读历史与现实交汇的独特韵味，在坚定文化自信中当好中华文明的薪火传人。

　　　　　　　　　　　　　　　　　　　周江勇

　　（周江勇，中共浙江省委常委、杭州市委书记，"杭州优秀传统文化丛书"主编）

# 序　言

## 文化是城市最高和最终的价值

我们所居住的城市，不仅是人类文明的成果，也是人们日常生活的家园。各个时期的文化遗产像一部部史书，记录着城市的沧桑岁月。唯有保留下这些具有特殊意义的文化遗产，才能使我们今后的文化创造具有不间断的基础支撑，也才能使我们今天和未来的生活更美好。

对于中华文明的认知，我们还处在一个不断提升认识的过程中。

过去，人们把中华文化理解成"黄河文化""黄土地文化"。随着考古新发现和学界对中华文明起源研究的深入，人们发现，除了黄河文化之外，长江文化也是中华文化的重要源头。杭州是中国七大古都之一，也是七大古都中最南方的历史文化名城。杭州历时四年，出版一套"杭州优秀传统文化丛书"，挖掘和传播位于长江流域、中国最南方的古都文化经典，这是弘扬中华优秀传统文化的善举。通过图书这一载体，人们能够静静地品味古代流传下来的丰富文化，完善自己对山水、遗迹、书画、辞章、工艺、风俗、名人等文化类型的认知。读过相关的书后，再走进博物馆或观赏文化景观，看到的历史遗存，将是另一番面貌。

过去一直有人在质疑，中国只有三千年文明，何谈五千年文明史？事实上，我们的考古学家和历史学者一直在努力，不断发掘的有如满天星斗般的考古成果，实证了五千年文明。从东北的辽河流域到黄河、长江流域，特别是杭州良渚古城遗址以4300—5300年的历史，以夯土高台、合围城墙以及规模宏大的水利工程等史前遗迹的发现，系统实证了古国的概念和文明的诞生，使世人确信：这里是古代国家的起源，是重要的文明发祥地。我以前从来不发微博，发的第一篇微博，就是关于良渚古城遗址的内容，喜获很高的关注度。

我一直关注各地对文化遗产的保护情况。第一次去良渚遗址时，当时正在开展考古遗址保护规划的制订，遇到的最大难题是遗址区域内有很多乡镇企业和临时建筑，环境保护问题十分突出。后来再去良渚遗址，让我感到一次次震撼：那些"压"在遗址上面的单位和建筑物相继被迁移和清理，良渚遗址成为一座国家级考古遗址公园，成为让参观者流连忘返的地方，把深埋在地下的考古遗址用生动形象的"语言"展示出来，成为让普通观众能够看懂、让青少年学生也能喜欢上的中华文明圣地。当年杭州提出西湖申报世界文化遗产时，我认为是一项需要付出极大努力才能完成的任务。西湖位于蓬勃发展的大城市核心区域，西湖的特色是"三面云山一面城"，三面云山内不能出现任何侵害西湖文化景观的新建筑，做得到吗？十年申遗路，杭州市付出了极大的努力，今天无论是漫步苏堤、白堤，还是荡舟西湖里，都看不到任何一座不和谐的建筑，杭州做到了，西湖成功了。伴随着西湖申报世界文化遗产，杭州城市发展也坚定不移地从"西湖时代"迈向了"钱塘江时代"，气势磅礴地建起了杭州新城。

从文化景观到历史街区，从文物古迹到地方民居，众多文化遗产都是形成一座城市记忆的历史物证，也是一座城市文化价值的体现。杭州为了把地方传统文化这个大概念，变成一个社会民众易于掌握的清晰认识，将这套丛书概括为城史文化、山水文化、遗迹文化、辞章文化、艺术文化、工艺文化、风俗文化、起居文化、名人文化和思想文化十个系列。尽管这种概括还有可以探讨的地方，但也可以看作是一种务实之举，使市民百姓对地域文化的理解，有一个清晰完整、好读好记的载体。

传统文化和文化传统不是一个概念。传统文化背后蕴含的那些精神价值，才是文化传统。文化传统需要经过学者的研究提炼，将具有传承意义的传统文化提炼成文化传统。杭州在对丛书作者写作作了种种古为今用、古今观照的探讨交流的同时，还专门增加了"思想文化系列"，从杭州古代的商业理念、中医思想、教育观念、科技精神等方面，集中挖掘提炼产生于杭州古城历史中灵魂性的文化精粹。这样的安排，是对传统文化内容把握和传播方式的理性思考。

继承传统文化，有一个继承什么和怎样继承的问题。传统文化是百年乃至千年以前的历史遗存，这些遗存的价值，有的已经被现代社会抛弃，也有的需要在新的历史条件下适当转化，唯有把传统文化中这些永恒的基本价值继承下来，才能构成当代社会的文化基石和精神营养。这套丛书定位在"优秀传统文化"上，显然是注意到了这个问题的重要性。在尊重作者写作风格、梳理和讲好"杭州故事"的同时，通过系列专家组、文艺评论组、综合评审组和编辑部、编委会多层面研读，和作者虚心交流，努力去粗取精，古为今用，这种对文化建设工作的敬畏和温情，值得推崇。

人民群众才是传统文化的真正主人。百年以来，中华传统文化受到过几次大的冲击。弘扬优秀传统文化，需要文化人士投身其中，但唯有让大众乐于接受传统文化，文化人士的所有努力才有最终价值。有人说我爱讲"段子"，其实我是在讲故事，希望用生动的语言争取听众。今天我们更重要的使命，是把历史文化前世今生的故事讲给大家听，告诉人们古代文化与现实生活的关系。这套丛书为了达到"轻阅读、易传播"的效果，一改以文史专家为主作为写作团队的习惯做法，邀请省内外作家担任主创团队，组织文史专家、文艺评论家协助把关建言，用历史故事带出传统文化，以细腻的对话和情节蕴含文化传统，辅以音视频等其他传播方式，不失为让传统文化走进千家万户的有益尝试。

中华文化是建立于不同区域文化特质基础之上的。作为中国的文化古都，杭州文化传统中有很多中华文化的典型特征，例如，中国人的自然观主张"天人合一"，相信"人与天地万物为一体"。在古代杭州老百姓的认知里，由于生活在自然天成的山水美景中，由于风调雨顺带来了富庶江南，勤于劳作又使杭州人得以"有闲"，人们较早对自然生态有了独特的敬畏和珍爱的态度。他们爱惜自然之力，善于农作物轮作，注意让生产资料休养生息；珍惜生态之力，精于探索自然天成的生活方式，在烹饪、茶饮、中医、养生等方面做到了天人相通；怜惜劳作之力，长于边劳动，边休闲娱乐和进行民俗、艺术创作，做到生产和生活的和谐统一。如果说"天人合一"是古代思想家们的哲学信仰，那么"亲近山水，讲求品赏"，应该是古代杭州人的生动实践，并成为影响后世的生活理念。

再如，中华文化的另一个特点是不远征、不排外，这体现了它的包容性。儒学对佛学的包容态度也说明了这一点，对来自远方的思想能够宽容接纳。在我们国家的东西南北甚至是偏远地区，老百姓的好客和包容也司空见惯，对异风异俗有一种欣赏的态度。杭州自古以来气候温润、山水秀美的自然条件，以及交通便利、商贾云集的经济优势，使其成为一个人口流动频繁的城市。历史上经历的"永嘉之乱，衣冠南渡"，"安史之乱，流民南移"，特别是"靖康之变，宋廷南迁"，这三次北方人口大迁移，使杭州人对外来文化的包容度较高。自古以来，吴越文化、南宋文化和北方移民文化的浸润，特别是唐宋以后各地商人、各大商帮在杭州的聚集和活动，给杭州商业文化的发展提供了丰富营养，使杭州人既留恋杭州的好山好水，又能用一种相对超脱的眼光，关注和包容家乡之外的社会万象。这种古都文化，也代表了中华文化的包容性特征。

城市文化保护与城市对外开放并不矛盾，反而相辅相成。古今中外的城市，凡是能够吸引人们关注的，都得益于与其他文化的碰撞和交流。现代城市要在对外交往的发展中，进行长期和持久的文化再造，并在再造中创造新的文化。杭州这套丛书，在尽数杭州各色传统文化经典时，有心安排了"古代杭州与国内城市的交往""古代杭州和国外城市的交往"两个选题，一个自古开放的城市形象，就在其中。

"杭州优秀传统文化丛书"在传统和现代的结合上，想了很多办法，做了很多努力，他们知道传统文化丛书要得到广大读者接受，不是件简单的事。我们已经走在现代化的路上，传统和现代的融合，不容易做好，需要扎扎实实地做，也需要非凡的创造力。因为，文化是城市功能的最高价值，也是城市功能的最终价值。从"功能城市"走向"文化城市"，就是这种质的飞跃的核心理念与终极目标。

2020年9月

（单霁翔，中国文物学会会长）

西湖图（局部）

# 目 录

### 第一章
**仁义山人道仁义**

002　初　唐建中二年仲秋（781年9月）
005　始　唐建中二年孟冬（781年11月）
012　井　唐建中三年上春（782年4月）
017　归　唐兴元元年仲夏（784年6月）

### 第二章
**履霜贤者守贤道**

024　履霜操
031　苏幕遮
035　《天竺山日观大师塔记》
037　御街行
043　生查子
048　附记

## 第三章
### 清白江人行清白

052　　睦州　北宋嘉祐元年（1056）

057　　睦州　北宋嘉祐三年（1058）

062　　杭州　北宋熙宁四年（1071）

069　　越州　北宋熙宁十年（1077）

077　　《表忠观碑记》

081　　附记

## 第四章
### 洪道贤相行事功

084　　辅固村　北宋靖康元年（1126）

086　　临安城漾沙坑七官宅　南宋绍兴二十六年（1156）

093　　临安城百官宅　绍兴三十二年（1162）

102　　临安城和宁门　淳熙四年（1177）

109　　临安城德寿宫　淳熙十四年十月（1187年11月）

115　　附记

## 第五章

**冷面城隍护杭城**

118 　　金陵金川门　明建文四年（1402）六月十三

123 　　苏州府刘家港　明永乐三年（1405）六月十五

127 　　数日后杭州府

131 　　杭州府治钱塘县

134 　　浙西　明永乐十年（1412）

136 　　嘉兴府

138 　　杭州府治钱塘县

141 　　桃源

145 　　杭州府治钱塘县

150 　　附记

## 第六章

**三元宰相玉骨清**

154 　　辽源里　明永乐十二年（1414）

159 　　浙江贡院　明宣德十年（1435）

166　土木堡　明正统十四年（1449）

171　十月十四日　北京保卫战第四日

176　崇文门　明天顺元年（1457）正月二十三

184　明成化三年（1467）

## 第七章
**青天知县清乾坤**

188　淳安县　明嘉靖三十七年（1558）

190　姜家村

193　贺城

195　绣衣第酒肆

197　淳安县衙

204　绣衣第酒肆

207　姜家村

211　明嘉靖三十九年（1560）

213　淳安县衙

219    杭州

222    绣衣第酒肆

### 第八章

### 一代文宗兴文教

228    立志　清乾隆四十五年（1780）

231    学政　清乾隆六十年（1795）

235    修书　清嘉庆元年（1796）

240    巡抚　清嘉庆四年（1799）

243    办学　清嘉庆六年（1801）正月

252    藏书　清嘉庆十四年（1809）

259    附记

## 第一章 仁义山人道仁义

## 初
### 唐建中二年仲秋（781年9月）

这时的杭州正是一年萧瑟时节，与当时天下倒有几分应景。

七月，大唐的杰出将领郭子仪在家中去世，享年八十四岁，而远在安西的郭子仪亲侄子，新任的安西大都护、四镇节度观察使郭昕已无法回家奔丧。安西都护府与大唐联系通道河西早被吐蕃所占，安西事实上成为一块飞地。

此时的郭昕只是知道大唐的年号已经换成了"建中"，为了鼓舞士兵的守土斗志，从这一年起，安西地区开始铸造"大唐建中"钱，以这种力所能及的方式表达对大唐的忠诚。

一直到808年，安西军足足为国坚守四十二年，"万里一孤城，尽是白发兵"，最后的安西老兵在郭昕带领下，全员战死在龟兹城。

正是在这种忧愁的气氛中，杭州迎来了新主人。

杭州府衙老吏如同往常一样，打开了刺史府大门，随着一阵咯吱声，略显陈旧的府门被缓缓推开，外面的大街上早早站了几个人。

老吏揉了揉眼，有点愣神，刺史府已经空置了几天，前任刺史元全柔调任黔中观察使，刚刚离任。新任刺史说是马上到位，但是现在天下纷乱，杭州虽是东南名郡，比起行在长安还是穷乡僻壤，路上不好走得紧。

不过老吏守了三十余载大门，眼力还是有，不自禁上下打量了这一干人。

领头的是一名长者，约莫六十上下，留着长须，身着白衣，神态温和，彬彬有礼，看着就像是一名有道之人；但是左近却是一名孔武力士，三十余岁，浓眉宽脸，下颌留着黑硬胡须，面若冰霜，身后背着一条形包裹，不像是揣着好物；更奇怪的是，老者身后跟着一个妇人，四十左右，怀中还抱着一稚儿，旁近还站着一个十岁小儿，眼睛大大的，看上去颇为聪慧。

这一行人太过奇特，也看不出身份，老吏心中已经做了判断，正准备呵斥，让这群人赶紧从刺史府门口走开时，远处匆匆跑来一人，却是刺史府长史沈七郎。

老吏就看着沈七郎气喘吁吁跑到长者面前，忙不迭叉手致礼："使君远来，某有失礼数，告罪，告罪！"

白衣长者微微颔首："是某未告知，倒也怪不得长史。"

老吏一时怔在当场，不知道该如何动作。

倒是沈七郎一个箭步冲到老吏身旁，低声道："这是新任刺史，李泌李使君，还不快迎接。"

李泌像

老吏一个激灵，连忙行了一个叉手礼，然后小碎步在前引路，带着新任刺史进入了他在杭州的府邸。

而李泌李刺史在府前大门略略停留，在凝望了门楣片刻后，轻轻拂了一下衣摆，缓步走了进去，开始他在杭州的履职。

## 始
## 唐建中二年孟冬（781年11月）

李泌端坐在刺史府中的"虚白亭"，看着卷宗，初来杭州数月，李泌还是如往常一般先了解情况，再作安排。

此时大唐风雨飘摇，反倒是这东南之地还有几分清净，中原的混乱并没有影响此处，百姓们依旧安居乐业。

刺史府位于柳浦渡以北，毗邻吴山。从大唐初年开始，这片土地就被钱塘江的涌潮和上游带来的泥沙冲击，自吴山以东而北的江滩逐次成形，目前李泌所管辖的百姓有八万余户，大多分布在这一带。

不过杭州本为江海故地，虽已成陆，但地下水苦咸，难以饮用。在李泌面前，亭中石桌上，就放着两个瓷碗，其中一碗就是城中百姓打的深井中取出的水，水质清澈，但是喝起来不禁让人皱眉。

"阿郎，这水如何？"李泌突然询问旁近小儿，正是他的儿子李繁。

"父亲大人，苦涩难咽。"

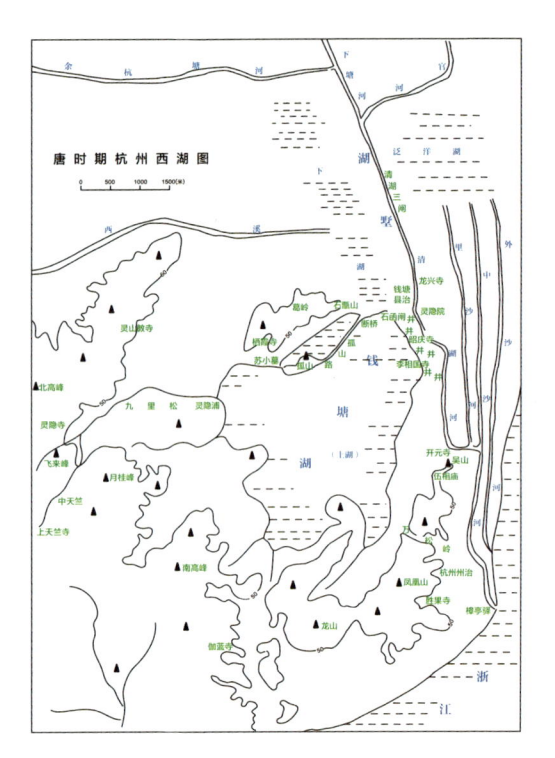

唐时期杭州西湖图。据阙维民编绘的图重绘

"还有一碗呢？"

"倒是清甜！"李繁略略回忆，叉手致礼道。

李泌看着这个儿子，颇为欣慰，小小年纪，有点大人模样，可以算得上早慧，不禁起了考究之心："我要考考你，这水来自何处？"

李繁略一沉吟，复叉手致礼道："父亲大人，孩儿这月余随父亲走访杭州各地，其间多有饮食。山麓左近多清泉，饮之甘甜清冽，但这水却稍平淡，不似山泉，孩儿以为，应是从钱塘湖（今西湖）取来的湖水。"

李泌点头，此儿聪慧，尤其记性极好，小小年纪就能诵背经典，如今看来，分析事物也井井有条，以后倒是能成才。

李泌一心向道，若不是代宗时，被逼着娶朔方已故留后李晔的外甥女卢氏为妻，也不会有这些子嗣。不过人之常情，能看到儿子有才华，内心多少有点高兴。

正当李泌还想考究一下儿子，问问如何破解当下杭州城内居民稀少，人口难以汇聚的难题时，常伴左右的贺五郎快步来到"虚白亭"外，肃然而立，显然有事汇报。

贺五郎本名贺南，越州永兴（今萧山）人，原是安西戍卒，少年时就在北庭从军，是郭昕帐下牙兵，屡立战功，四个哥哥全部战死沙场。郭昕为了不使他家绝后，让他回去，大历十二年（777）到的长安，为李泌收留，跟着李泌去过澧①、郎②、峡③等地，现在又来到杭州。

说起来，贺五郎的远房长辈就是赫赫有名的贺知章。此次来杭州，贺五郎便第一时间去了钱塘江南面的越州永兴，拜祭了这位先人。

"五郎何事？"

"使君，樟亭驿有客来访！"

樟亭驿所在，是杭州观潮胜地，李白曾留诗："挥手杭越间，樟亭望潮还。"临近柳浦渡，对面就是越州的西陵渡（今西兴）。因地处交通要道，兼有观潮之胜景，所以旁近热闹非凡，有许多百姓自发在附近搭棚交易，形成了一个市坊，热闹程度不亚于上元节时的长安坊市。

此时初冬，人略少，但还是有不少人在售卖各地山

① 今湖南澧县。

② 唐代早期在云南、贵州地区设置的羁縻州。

③ 今湖北宜昌。

珍水产，为即将到来的冬天做最后准备。

客人在驿站的里进，并不张扬，当李泌到来时，才从客房里迎出，却是两个僧人。

为首僧人浓眉大眼，宽下颌，留着短须，头上毛发并未剃尽，还覆着薄薄一层，显得颇为精神，若不是眼角鱼纹明显，还真看不出年纪来；而缩肩站立在他身边的僧人，就显得清瘦年轻许多。

为首僧人见到李泌，双手当胸，十指相合，行了一个合十礼，显得颇为恭敬。

李泌颇为诚恐，来者乃是有道高僧，天台宗"荆溪尊者"湛然，而那位年轻僧人是他门下元浩，也是一名高僧。李泌连忙还了一个叉手礼，表达敬意。

两边行礼完，才找了一处，坐了下来。

"听闻使君到杭，贫道[①]甚是欣喜，日夜兼程，从剡溪乘舟而下，经曹娥江入钱塘。今日一见，白衣山人仙风道骨，是有大智慧的人。"湛然笑眯眯道，语气和缓，让人如沐春风。

湛然所说的路线，乃是后世赫赫有名的浙东唐诗之路，是连通杭州和天台国清寺的一条水路，无数文人墨客行走在此，留下许多诗词。

"湛然法师客气了，不知此来有何赐教？"李泌笑笑，回应道。

"赐教不敢，是来讨教。听闻使君精通老庄，贫道自

[①] 唐时僧人还是自称贫道，唐后改称贫僧。

觉时日无多,心中尚有不明,想请使君解惑。"

闻得此言,李泌立刻重视起来。湛然乃得道高僧,乃是天台宗左溪玄朗门下,一直以中兴天台宗为己任。李泌深知这一点,沉吟片刻后道:"请法师问。"

湛然并没有直接询问,突然间讲起了故事:"天宝十三载,先师玄朗圆寂,贫道在东南各地盛弘天台教法。彼时禅、华严、法相诸宗,名僧辈出,各阐宗风。贫道一直对门下弟子言,今之人或荡于空,或胶于有,自病病他,道用不振,将欲取正,舍予谁归?十几年来,撰天台三大部注释及其他凡数十万言,显扬宗义,对抗他家,于是台学复兴。"

说到此,湛然看了一下身边元浩,接着道:"今门下有弟子道邃、行满、元浩等三十九人。元浩于《法华》《止观》之学深有所得,将来也是有大成就之人,然……"

说到此,湛然站起身来,向李泌深鞠一躬,道:"贫道一直以为诸法真如随缘而现,当体即是实相,却又看不清台学何去,还请山人赐教。"

说到此,湛然抬头,盯着李泌道:"何谓无为?"

李泌顿时肃然,正襟危坐,缓缓道:"人法地,地法天,天法道,道法自然,人天合一,此乃老庄之学。鄙人不才,略有心得,不外乎三:庄子曰,夫道不欲杂,万事求简,此为一;老子曰,少则得,多则惑,但求专注,此为二;庄子曰,虽富贵,不以养伤身,虽贫贱,不以利累形,凡事适度,此为三。"

李泌这段话,其实也是老庄之学的大道理,简单来理解，不过是专一、专注、适度三者，这也算老生常谈。

但是世间万物就是如此，真正实用的其实古人都有所总结，就看今人如何领悟贯通。

李泌言毕，略略思考，突然间脑海中一念闪现，瞬间抓到了破解杭州难题的方法，接着道："一如杭州，某查卷宗，人口繁衍，工商繁盛，州中能吏堪用；但城中居民零落，靠湖靠山，实为缺淡水。大道至简，某需引水筑井，做好此事，对杭州便是无上功德，其余诸项，皆可放之，此为无为。"

这是李泌用现实来举例，如何去处理好杭州最大难题，专注做好民生，干好饮水筑井这件事，达到解决百姓问题，又不侵扰百姓生活的目的。这个就是他所理解的"无为"。

湛然默不作声，似乎在思考，而他身边元浩却有所领悟，眉头微颦。

李泌笑道："此乃某之拙见，法师未必可信，儒释道各有所学，但求对法师疑惑有所助。"

湛然再次合十道："使君大慧，贫道受教！"

李泌叉手回礼："法师此来，也解了某之疑惑，某也需向法师致礼。"

湛然微微一笑，并没有询问李泌是何等疑惑，合十致谢后，就带着元浩原路返回。

不久之后，建中三年二月五日，湛然在佛陇道场圆寂，留下遗言："道无方，性无体，生软死软，其旨一贯。吾归骨此山，报尽今夕，要与汝辈谈道而诀。夫一念无相谓之空，无法不备谓之假，不一不异谓之中，在凡为三因，在圣为三德。爇炷则初后同相，涉海则浅深异流，自利利人，在此而已。尔其志之！"

这段话，代表着湛然在最后一刻放下所有执念，明悟了道法自然的道理。

湛然圆寂后，门人号咽，奉全身起塔，祔于智者大师茔兆西南隅，大致位置在今天台县佛陇山塔头寺（系俗称），山门额曰"智者塔院"，也称"真觉讲寺"内。

此时，李泌已经开始着手一项重大工程，关系到后世杭州发展的大事：修井。

# 井
## 唐建中三年上春（782 年 4 月）

> 几处早莺争暖树，谁家新燕啄春泥。
> 乱花渐欲迷人眼，浅草才能没马蹄。
> ——白居易《钱塘湖春行》

李泌并不知道他的后任留下了如此美丽的诗词，来形容杭州美景，而此时的钱塘湖岸边还是淤泥野草，远远谈不上有多少雅致景色。

李泌的从人贺五郎站在淤泥中，身着圆领窄袖袍衫，袍衫衣摆束在腰间，下着胡裤，裤脚卷到膝盖处，即便如此，身上也溅满了污泥，显得有点脏乱。

身材高大的他，站在一群矮小农人间，显得如此独特，甚至有点不伦不类。而此时的贺五郎心情并不好，大声咆哮着，指责着身边的农人，满脸涨红，连带着络腮胡虚张着，显得非常激动。

杭州长史沈七郎则皱着眉头，站在岸边，看着手中刺史所绘的简图。

一直以来，沈七郎认为的"井"就是找个地方，深挖下去，直至挖到水，但是李泌李大人的"井"让他开了眼界。于钱塘湖各处分置水闸，掘地为沟，沟内砌石槽，石槽内安装竹管，为了方便引水，这沟还须有点坡度，可以自然引湖水入城。同时在城内百姓聚集处开挖六个蓄水池，上设井，方便取水。

沈七郎若是知道李泌的出生地，可能就不会那么诧异了。

"临晋民愿穿洛以溉重泉以东万余顷故卤地。诚得水，可令亩十石。于是为发卒万余人穿渠，自征引洛水至商颜山下。岸善崩，乃凿井，深者四十余丈。往往为井，井下相通行水。水颓以绝商颜，东至山岭十余里间。井渠之生自此始。穿渠得龙骨，故名曰龙首渠。"这里的临晋县，为秦置县，故城在今陕西渭南市大荔县东朝邑镇东南，李泌运用故乡旧法，自然得心应手。

不过杭州百姓并没有见过这种筑井方法，质疑之声不断，也难怪贺五郎着急上火，大声咆哮。

沈七郎是一个安分守己的人，不该他关心的事情绝不关心，能够守着长史职位，干了那么多年，历任刺史信任，还是在于他深得"少说多做""少想多干"的奥义精髓。

李使君说这么修井可以，就这么修呗，唯一要考虑的是怎么在使君的意思下，尽量修得更好。

沈七郎思虑及此，抬起头来，就看见西北处，无数牛车相连，缓缓而来，牛车上放置着碗口粗的巨竹。这是用来引水的竹管，是从遥远的湖州安吉运来的。

"终于来了！"沈七郎嘟囔道，面露欣喜之色。

而在不远处，毗邻钱塘湖的北山，李泌缓缓拾阶而上，沿着东晋著名道士葛洪走过的小道，来到当年其结庐所在。据说葛洪常在此山为百姓采药治病，并在井中投放丹药，饮者不染时疫，所以这段山脊被杭州百姓呼为葛岭，还在葛洪炼丹的地方修建"葛仙祠"，时常祭奠。

陪同李泌的只有其幼子李繁及几个从人。李繁是雀跃的，少年心性，总是那么好奇，但是转过山头望向钱塘湖的那刻，他还是震惊了，张大了嘴巴，一时间不知道该说什么。

整个钱塘湖的东岸到处是农人在开挖沟渠。就在沟渠左近，有专门开凿石头的匠坊，将采挖的石头凿成石槽，有农人专门抬石头，又有农人专门在沟渠中铺设石槽，到处是喧嚣，伴着嗨哟的号子声、叮当的凿击声、咕噜的车行声，交织出一幅何其壮丽的画面。

"父亲大人……"李繁转头望向了李泌。

李泌微笑点头，突然起了考究的想法，问道："阿郎，汝可知晓，水能载舟亦能覆舟？"

"父亲大人，孩儿知晓，孩儿读过《荀子》，《哀公篇》中有孔子与鲁哀公的一段对话，原文是：'君者，舟也；庶民者，水也。水则载舟，水则覆舟，君以此思惧，则惧将焉而不至矣？'孩儿最近在读魏文贞公[1]的《谏太宗十思疏》，文中亦书：怨不在大，可畏惟人；载舟覆舟，所宜深慎。"李繁抖擞了精神，将他知道的典故一一念出，这才抬头望向父亲，颇有邀赏的得意。

[1] 即魏徵。

不过他很快发现，李泌似笑非笑，并未出言，心中急转，暗自骂了自己一句，父亲什么典故不知道，哪个不是倒背如流，哪里轮得到他来卖弄？连忙补充道："孩儿以为，民为贵，社稷次之，君为轻，是故得乎丘民而为天子，更是民为邦本，本固邦宁。"

再转眼看了一下山下劳作的百姓，突然灵光一闪，抓住了刚才自己惊讶的情绪，不自禁抬起头来，眼中充满自信道："孩儿见到这些农人修渠，突然觉得这些农人能改天换地；父亲想修井，如果没有这些农人，父亲想法再好，也会一事无成。这就是水能载舟亦能覆舟！"

说完这话，李繁一阵忐忑，内心一阵发虚。这时，他看见李泌轻抚颔下长须，点头微笑道："繁儿长大了！"

李繁一阵眩晕，从小到大，他一直觉得父亲云淡风轻，从不轻易赞许，他对李泌的崇拜发自内心，这不仅仅因为李泌是他父亲，在他心里，父亲就是神仙！

李泌凿六井。引自《西湖佳话古今遗迹》

"走吧，繁儿，我们下山。"李泌拉起了李繁的手，如同寻常老父亲牵着稚儿，慢慢走下北山。

那天，李繁整个人都是恍惚的，他看着父亲不顾神仙形象，踩着淤泥，扶起了慌乱跪伏的老农；看着父亲对着无数农人说着勉励的话；看着那些父亲口中的"水"，如何从畏惧变成恭敬，变成欢呼，变成更为热烈的、无法形容的一种名为"热"的情绪，就如同水煮开了一样，扑面而来的水汽有点烫人。

六个月后，唐建中三年孟冬（782年10月），六井相继修成。当城中百姓从井中打出清甜的井水来时，不禁欢呼雀跃，纷纷面向刺史府跪伏行礼。

六井的修成，一举解决了杭州城内取水困难的局面，从根本上打破了原有桎梏杭州发展的瓶颈，为杭州日后成为真正意义上的东南名郡，奠定了坚实基础。

# 归
## 唐兴元元年仲夏（784年6月）

杭州的夏天是闷热的，连带着人的心情都是烦躁的。

这一日，李泌召集了刺史府内能吏，宣布了一个消息：唐德宗急召李泌至行在[①]，授以左散骑常侍之职，为正三品下，职掌规谏过失，侍从顾问，需常在中书省门下召对，实为显贵之臣。

刺史府能吏除了表示祝贺外，也感到一阵惋惜，李泌是一个好官，爱护百姓，能做实事，不爱折腾。至少沈七郎有些茫然，他已经习惯了李泌抓大放小、充分授权的舒适感。在李泌手下这两年，旁人都能感受到沈七郎更有干劲，走路有风。

沈七郎甚至有过认真考虑，是否在李泌走后，也辞官回家，安心养老。

似乎看出了沈七郎的顾虑，李泌在遣散了众人后，单独留下了他。

"七郎，何谓仁？"李泌突然问道。

---

[①] 行在：天子巡行之处，此指梁州。

沈七郎身为长史，四书五经哪个不熟？然觉得李泌问得突然，还是保持一贯谨慎风格回答道："克己复礼为仁。若是使君细究，某以为，不过恭、宽、信、敏、惠五者，即为人庄重、待人宽厚、诚实守信、勤敏有功、慈惠为民。不知使君有何赐教？"

李泌点头道："七郎见地，儒者典范。某修老庄，老子曰：'天地不仁，以万物为刍狗；圣人不仁，以百姓为刍狗。天地之间，其犹橐籥乎？虚而不屈，动而愈出。'此中之仁，不知七郎何解？"

沈七郎皱眉，一时难以回答，李泌崇老庄，那是全杭州都知道的事，儒道关于"仁"的争执，身为儒生，沈七郎更是了解。儒家崇"礼"，道家崇"道"，本来就无对错，李泌身为上官，却如此来为难属下，也太不应该。

一时间，沈七郎又觉得，李泌李使君回行在，伺候圣人，也不是坏事。

李泌何等聪明，看出沈七郎心中所想，微微笑道："七郎莫要为难，某非要考较，只是分享某之所得。儒道之仁，一为礼，一为道，本也辨不明白。七郎可还记得，建中二年，天台荆溪尊者来访？"

沈七郎一愣，道："记得。"

"尊者为求解惑，特来询我何谓无为，某不知尊者可有所得，某却悟得一事，七郎可知是何？"

"仁？"沈七郎迟疑道，略带不安地看向李泌。近日里使君太过古怪，所言所语已经超过上级和下属之间的日常对话，颇有推心置腹之感，让沈七郎有点惶惑。

"老庄之学，在于无为，又不是不为。某素奉道，不与人为仇，害我的李辅国、元载诸人，都自毙了。过去与某要好的，但凡有才能的，也自然显达了，其余的，也都凋落死亡了。某自言，人生在世，也没什么恩怨可报，自求洒脱。杭州此地，颇合我意，原本也有打算终老于此，不过与尊者所对，让某悟通何谓仁。"

李泌停顿了片刻，望向了远处的吴山。此山春秋时为吴西界，故名；或云以伍子胥故，讹伍为吴；又因此山有子胥祠，遂称胥山。

"就如子胥公，身为楚人，却带吴军攻入楚都，掘楚平王之墓，鞭尸三百。对于楚人，子胥公不仁不义；对于子胥公，却是报了父兄之仇，尽了孝道；对于吴人，子胥公帮助吴国成为诸侯一霸，对吴国有恩，所以吴人在吴山上建了子胥祠……"

吴山天风

这段话李泌有点喃喃自语，并非对沈七郎说。言毕，这才面对沈七郎，双目炯炯，完全不似一名六十多岁的老人。

"仁是礼，是规，更是道，是德。某才疏学浅，不能完全悟之，唯一明白，如今世态困顿，大唐已三失帝都，圣人远避梁州，惶恐不知，这才急召某……某不能终老杭州，甚是憾事。若以老朽之躯，为大唐做点事，让百姓少点颠沛，这就是某理解的仁！"

沈七郎突然眼角有点湿润，眼前老人心中的"仁"，是如此的……难以用言语表达，让七郎顿生感动与敬佩。沈七郎双膝跪下，头俯伏至地，抱拳相握，左手按住右手，行了最隆重的稽首拜礼，表达他对李泌的崇敬。

不久之后，李泌就启程前往圣人行在梁州。那一日，杭州城万人空巷，肃立目送刺史李泌离去。

李泌也确实如对沈七郎所言，以老迈之躯，为大唐做出了最后的贡献，在他任内做了许多意义重大的事，从很大程度上保证了贞元年间的大唐帝国总体形势的和平与稳定。

贞元三年（787）六月，李泌入朝，出任中书侍郎、同平章事，正式拜相。

他勤修内政，充裕军政费用，保全功臣李晟、马燧，以调和将相。外结回纥、大食，达成"贞元之盟"，从而遏制吐蕃以安定边陲。

贞元五年（789）三月二日，李泌在任上病逝，享年六十八岁。

为了纪念李泌,杭州人将李泌修的六井之一命名为"相国井",在今解放路和浣纱路交界处。直到今日,那口"相国井"还默默地坚守在原地,纪念着那位满怀仁心的老人。

## 参考文献

《全唐诗》卷一百九,中华书局,1980年。
《全唐文》卷三七八,中华书局影印本,1983年。
《唐文拾遗》卷二二,中华书局影印本,1983年。
邺侯书院,凤凰网,2015年11月24日。

第二章

履霜贤者守贤道

# 履霜操

> 履朝霜兮采晨寒。
> 考不明其心兮听谗言。
> 孤恩别离兮摧肺肝。
> 何辜皇天兮遭斯愆。
> 痛殁不同兮恩有偏。
> 谁说顾兮知我冤。

范仲淹按下了琴弦，叹了一口气，此时已是北宋皇祐元年（1049），他已是年逾花甲的老者，再不复当年的意气风发。

范仲淹清楚自己，他是一个忧郁的人，比一般人更多愁善感一点。这和他的出身有关；他的亲生父亲范墉早年病逝，母亲谢氏改嫁淄州长山人朱文翰，他小时候曾因此一度改姓，取名朱说。

大中祥符四年（1011），范仲淹得知家世，伤感不已，毅然辞别母亲，前往南都应天府（今河南商丘）求学，投师戚同文门下。大中祥符八年（1015），登蔡齐榜，中乙科第九十七名，成为进士。天圣六年（1028）母丧后方复回本姓，取名范仲淹。

范仲淹像

年轻时范仲淹还是激昂的,多次因谏被贬,好友劝他少说话,少管闲事,自己逍遥就行,他还作了《灵乌赋》,说自己"宁鸣而死,不默而生"。

庆历三年(1043),是范仲淹的人生巅峰。八月,仁宗罢免副宰相王举正,再拜范仲淹为参知政事,亲笔诏书,开天章阁,陈设笔砚,赐坐以待。

范仲淹惶恐不安,退朝后作《答手诏条陈十事》,上疏仁宗"明黜陟、抑侥幸"等十件事。仁宗采纳,诏书统一颁布,以示天下;只有府兵法,因辅臣反对而作罢。

庆历四年(1044),范仲淹又上疏仁宗"再议兵屯、修京师外城、密定讨伐之谋"等七事,并奏请扩大相权,由辅臣兼管军事、官吏升迁等事宜,改革广度和深度进一步增加。新政实施后,恩荫减少、磨勘严密,希图侥幸的人深感不便,于是毁谤新政的言论逐渐增多,指责范仲淹等是"朋党"的议论兴起。

庆历五年（1045）正月，反对声愈加激烈，范仲淹请求出知邠州①，仁宗准奏，遂罢免其参知政事之职，改为资政殿学士、知邠州，兼陕西四路缘边安抚使。冬十一月，范仲淹因病上表请求解除四路帅任、改任邓州，以避边塞严寒，仁宗遂升其为给事中、知邓州。随着范仲淹、富弼等大臣的离京，历时仅一年有余的新政也逐渐被废止，改革以失败告终。

"庆历新政"的失败，对范仲淹打击是巨大的，以至于他的门人弟子都觉得他要退隐，有心者都开始给他物色宅院了。

"爹爹！"一个声音打断了范仲淹的思绪。一名年轻人兴致勃勃地走了进来，正是范仲淹三子范纯礼，时年十八岁，眉眼与范仲淹最为相似，性子也是诸子中最沉稳踏实的一个。不过今日表现就略显轻浮，眉宇间都有点欢悦的味道了。

"三郎，可知告诫？"范仲淹略略皱眉，提醒道。

"爹爹，二哥中了进士！"范纯礼口中的二哥，是范仲淹的次子范纯仁，是被后世称为"布衣宰相"的神人，也是范仲淹最得意的儿子。

听到这个消息，范仲淹即便城府如山，也不禁喜上眉梢，霍然站了起来。

这才想，刚刚还告诫三子，不禁笑了一下，道："三郎，陪我走走！"

范纯礼连忙点头，搀扶着老父亲走出了厢房。

---

① 邠州：邠，音 bīn。古地名，治所在新平（今彬州），辖境相当于今陕西彬州、长武、旬邑、永寿四市县地。

此处为驿馆。宋时驿道四通八达，二十里建歇马亭，六十里有馆，就连传递文书都有递铺，每十八里一铺。

左近就是钱塘江。

"爹爹，此处离杭州府衙已经不远，若是赶得及，我们今日动身，不到晌午，就能到府衙休息。"范纯礼道。

范仲淹摆手道："不急。"

在知邓州时，范仲淹就不急了，处于半退休状态。

邓州城东南隅洼地，历任知州曾在这里修湖成洲，种植花木，修建亭台，称"百花洲"。范仲淹在此地创建了州学讲堂"春风堂"，还亲自在里面讲学。宋朝理学创始人之一张载等一批政界、思想界名流都曾前往就学，一时，邓州文运大振。

范仲淹当时写的《中元夜百花洲作》，就描写了他游玩的情形："南阳太守清狂发，未到中秋先赏月。百花洲里夜忘归，绿梧无声露光滑……一笛吹销万里云，主人高歌客大醉。客醉起舞逐我歌，弗舞弗歌如老何。"

在邓州，范仲淹根据滕宗谅派人送来的《洞庭晚秋图》，加上自己的经验和想象，写出了千古名篇《岳阳楼记》。其中警句"不以物喜，不以己悲""先天下之忧而忧，后天下之乐而乐"更是遍播天下。

"杭州是个好地方！"范仲淹在三子陪同下，走出驿馆，就发了这声感叹。

驿馆所在乃今日艮山门一带，五代吴越时筑罗城，

坝子桥

为十城门之一保德门，范仲淹到时尚有遗存。要到南宋绍兴二十八年（1158），移门址于菜市河西，改名艮山门[①]。门内有顺应桥，俗称坝子桥，故而也名坝子门。

此地一望无垠的桑园菜圃，机杼之声比户相闻，为驰名中外的"杭纺"主要产地，故有"坝子门外丝篮儿"之谣。

"香山居士所写《杭州春望》一诗，'红袖织绫夸柿蒂'中说的唐绢就是这里织造的。"范纯礼看着父亲说道。

范仲淹又往左近多走了几步，登高一望，就能看见钱塘江，海塘用石条筑就，纵向错缝平砌，局部竖砌，潮水打在海塘上，激起一片浪花。

嗅着空气中潮湿的味道，范仲淹感觉自己的忧郁都好了不少。

"江干日清旷，寓目一支筇。落叶信流水，归云识旧峰。

---

[①]《易》："艮"为"北"，艮山，为城北之小山。汴京有"艮岳"，南宋取名艮山，有故国之思。

兰荪谁共采，凫雁自相从。莫爱蘋风起，波来千万重。"范仲淹忍不住轻吟了一首诗。

"爹爹作得好诗！"范纯礼眼睛一亮，连忙赞叹道。

"你这小子，也油嘴滑舌起来。"范仲淹哈哈一笑，轻骂了一声，接着道，"这首诗就叫《江干闲望》吧。"

说到这里，范仲淹心情大好，忆起一事："三郎，这次二郎中进士固是好事，但万万不可忘了我们范家根本。几日前，你的几个伯伯也有意给我添置一些田产，我正思虑这些事情，你且记住。"

"爹爹请说。"范纯礼肃然道，知道自己的爹爹有要事吩咐。

"我本出身贫寒，读书时每日以粥果腹；富贵以后，也只在宴请宾客时餐桌上摆些肉食。庆历时，新政方略中也特别重视厚农桑、减徭役，莫让底层百姓穷苦。现在有点浮财，我是想买点义田，建一个庄子，庄子上产出能够帮助我范氏族亲，能让他们领口粮、领衣料、领婚姻费、领丧葬费、领科举费、借住义庄房屋、借贷……当然，庄子要有章程，要选好管事的人……管事要根据庄子的好坏给予报酬，要有族人监管，此中种种，还需要有一个细的条文，你也可以想想……此外，如何管好族亲，不要乱用了产出，也需要一个章程……"

范仲淹说得很慢，一边说，一边不时停下来思考。这个事情早已在他脑海里盘旋，原本在邓州时就起了这个念头，直到今日，他的脑子突然间无比清醒，一下子就想明白了很多事情。

"庄子就取名范氏义庄好了,采买田产的事情可以托付给你仲温伯,他刚刚在太子中舍的位置上致仕。"

"好的,爹爹。"范纯礼记了下来。

范仲淹长吁了一口气,感觉精神略有困顿,但是内心却兴奋不已,此时的他并不知道这个动议,创造了一个怎样的奇迹。

范氏义庄是范仲淹于原籍苏州吴县捐助田地一千多亩设立的,义庄田地地租用于赡养同宗族贫穷成员。他给义庄订立章程,规范族人的生活。他去世后,其二子宰相范纯仁、三子尚书右丞范纯礼又续增规条,使义庄维持下去。

宋金战争中范氏义庄遭到一些破坏,南宋时范之柔对义庄又加以整顿,恢复原有规模。后世范氏子孙也对义庄屡有捐助。范氏义庄是中国慈善史上的典范,它是最早的家族义庄,更重要的是它是我国史料记载的第一个非宗教性民间慈善组织。它还创造了一个奇迹,虽然朝代更迭,屡经战乱,但一直到清朝宣统年间依然有田五千三百亩,且运作良好。至此,义庄共持续了八百多年。

# 苏幕遮

碧云天，黄叶地，秋色连波，波上寒烟翠。山映斜阳天接水，芳草无情，更在斜阳外。　黯乡魂，追旅思。夜夜除非，好梦留人睡。明月楼高休独倚，酒入愁肠，化作相思泪。

范仲淹静静伫立在一座墓前，这是林逋林君复的墓。早年范仲淹就与他有所交往，还专门作了一首《寄林处士》。十余年前，和靖先生去世的时候，没来得及送别，今日到了杭州，自然要来拜祭一番。

墓坐南朝北，墓庐上已经覆盖了一层青苔，墓碑上清冷地刻着"林和靖处士之墓"几个字。这里位于西湖孤山北面，远眺葛岭，清幽闭塞。和靖先生生前居住的隐庐就在左近，而靠湖的一面还有他当年养鹤的放鹤亭。

记得当年初来拜见时，和靖先生正在西湖上放舟，是他门下童子在放鹤亭放飞了白鹤，通知他有朋远来。二人在隐庐弹琴对歌，好不快活。现在物是人非，有点伤感。

林和靖墓

"林和靖是个雅致的人。"说话的是一个僧人，眉目清秀，须发皆白，手指纤细修长，给人的感觉特别和煦。

"日观大师自天竺来，可有何赐教？"范仲淹微微一笑，打趣道。

"阿弥陀佛。"日观大师低眉颂了一声佛号，回道，"希文公倒是会开贫僧玩笑。听闻希文知杭州，猜想第一步就会来和靖先生墓拜祭，就来候你。不过贫僧确有一事寻你，借一步说话。"

范仲淹点头，二人离开林逋墓，往湖边走去。

此时已近深秋,西湖边黄叶遍地,有点萧瑟味道。范仲淹略感阴冷,紧了紧衣襟。

"杭州入秋以来,一直吹着西南风,特别到了晚上,风吹不停,是贫僧十余年来未见,怕是天有异象,希文公可要小心。"日观大师突然道。

"这个知晓,未雨绸缪之事,仲淹自会安排,大师就要说这事?"

"不不,只是年纪大了,可能比常人更有天人感应。今日寻希文公,主要是贫僧有一事不明,特来请希文公指点。"

"仲淹洗耳恭听。"

"琴何为是?"日观大师突然肃容道。

范仲淹一愣,看了看日观大师,看他一脸肃穆,绝非开玩笑,细思之下,就了然日观大师是在求道。这个问题不太好回答,范仲淹走了几步后,才有了一个思虑。

"大师,仲淹尝师从崔公坚白,问道于他,崔师曰清厉而静,和润而远。仲淹拜而退思,清厉而弗静,其失也躁;和润而弗远,其失也佞。弗躁弗佞,然后君子,其中和之道欤!"

范仲淹停顿了片刻,深吸了一口气后接着道:"大师,仲淹以为:乃知圣人情虑深,将治四海先治琴。兴亡哀乐不我遁,坐中可见天下心!"

"此乃,琴!"

日观大师细细品味，突然合十道："希文公大贤！"

说完此话，忽然露齿一笑，道："贫僧另有一事相求，日后贫僧化去，但求希文公为贫僧撰铭文！"

"日观大师身体硬朗，尚早尚早。"范仲淹哈哈一笑，不以为然。

日观大师微微一笑，不复言语。

此后，日观大师身体日差，不再走动，还特意遣了一名侍者来告知："吾愿足矣，将去人世，必藏于浮图之下，愿公记焉。"

不日后，侍者来告曰："师化矣。"

# 《天竺山日观大师塔记》

师，钱塘人也，姓仲氏，名善升。十岁出家，十五通诵《法华经》，十七落发受具戒。客京师三十年，与儒者游，好为唐律诗，且有佛学。天禧中，诏下僧录简长等注释御制《法音集》，师预选中。书毕，

范仲淹《天竺山日观大师塔记》书影

诏赐师名。遂还故里，公卿有诗送行。师深于琴，余尝听之，爱其神端气平，安坐如石，指不纤失，徽不少差，迟速重轻，一一而当。故其音清而弗哀，和而弗淫，自不知其所以然，精之至也。予尝闻故谕德崔公之琴，雅远清静，当代无比，如师则近之矣。康定中，入天竺山，居日观庵，曰："吾其止乎！"不下山者十余年，诵《莲经》一万过。皇祐元年，余至钱塘，就山中见之。康强精明，话言如旧。一日，遣侍者持书谢余，曰："吾愿足矣，将去人世，必藏于浮图之下，愿公记焉。"又一日，侍者来告曰："师化矣。"其门人中霭等葬师于塔，复以师之言求为之铭。铭曰："山月亭亭兮师之心，山泉泠泠兮师之琴。真性存兮，孰为古今？聊志之兮，天竺之岑。"

范仲淹的《岳阳楼记》堪称天下第一记，在浙江就留下睦州的《桐庐郡严先生祠堂记》、越州的《清白堂记》，以及这篇《天竺山日观大师塔记》三篇文章。

写完这篇塔记后，范仲淹就遇到了他知杭州后，一个最大的难题：两浙路大旱！

# 御街行

纷纷坠叶飘香砌。夜寂静，寒声碎。真珠帘卷玉楼空，天淡银河垂地。年年今夜，月华如练，长是人千里。　愁肠已断无由醉，酒未到，先成泪。残灯明灭枕头欹，谙尽孤眠滋味。都来此事，眉间心上，无计相回避。

于九深吸一口气，感觉肺火辣辣的，同时也感受到肚子轰鸣，他已经数日没有进食，能够明显感受到自己体力下降，难以支撑。

"九哥，还有多久？"说话声音软绵绵的，还带着一点嘶哑，是于九的从弟于十三，今年才十岁。即便于九把大部分吃食都给了这个小从弟，他还是虚弱不堪，感觉风一吹就要倒了。

"快了，马上就到。"于九又深吸了一口气，鼓劲道。然后极目远眺四周。

干旱，已经持续了很久，四处是枯死的灌木。

远处一个村落已经破败，没有丝毫人气，数只乌鸦站在枯树上，死死盯着这边，不停发出"呱呱"的嘶叫声。而枯树下，倒伏着一具尸体，已经高度腐烂，露出森森白骨。

大旱引起的两浙路大饥荒已经蔓延，很多地方十室九空，有些州县甚至紧闭城门，不再接纳更多流民。

现在唯一还有生路的只有：

杭州！

于九再次深吸了一口气，拖动着沉重步履，坚定地往杭州方向走去。

井狼阳呼出了一口气，还是感觉有点醺醉。他不是汉人，有着棕褐色皮肤，高鼻梁，圆脸，还有一双特别的勾勒眉，从外貌上看得出，他是一个羌人。

他是范仲淹少有的几个从陕西带回的亲随，不过长期在高原生活的井狼阳还是不太习惯杭州这种闷热天气，每天都有点懒洋洋的醺醉感，提不起力气。

不过，若是有人因此轻视他，打算挑战他，那么井狼阳会用刀子、弓箭告诉对方，什么叫羌人的勇武。

今天是他第八天带着小队厢军远出杭州。从各地传来的消息并不太好，两浙路大旱以及大饥荒已经让地方上的法治完全崩坏。听他几个羌人兄弟说，地方上已经发生易子而食的惨剧，而荒盗野贼的队伍也在快速扩大。

这些贼人不但抢掠，还杀人，甚至吃人……

井狼阳叹了一口气，在陕西，他有阵子也快滑入这种深渊，若不是主君（范仲淹），今日的他，可能已经卑贱地死在某个角落中。

在他感叹的时候，突然间眼尖，发现了远处一群野盗打扮的人，围住了两个瘦小身影。

战斗血液一下子涌上了井狼阳的脑袋，醺醉感瞬间消失。他尖啸一声，在一众厢军惊讶注视下，拍马急冲了上去。井狼阳武艺高强，能够在马背上蹬着马镫，直立起来，双手搭弓，连射数箭，紧接着从马背上抽出狼牙棒，冲进野盗群中，片刻之间，结束了战斗。

在一片哀号的野盗中，井狼阳威风凛凛地端坐在马背上，他望着两个瘦小身影，一下想起了自己，眼神顿时温柔起来，问道："尔等何人？"

"于……于九，这是舍下从弟于十三。"稍微高大一点的人回答道。

"于家兄弟，欢迎来杭州！"井狼阳回道。

于九兄弟就这么跟着井狼阳的小队厢军。井狼阳在越州萧山停留了片刻，接上了一队运粮商人后就回转杭州。

商人来自更远的福州，是从曹娥江一路上远行而来。

于九打听之下才知道，原来范仲淹范知州早在数月前就沿江贴榜籴粮，言杭州饥荒，斗钱百八十，比原来粮价斗钱百二十高出不少。各地粮商昼夜兼行，粮米辐辏，就连在福州的粮商都采购了大量粮食，星夜运来，准备

富义仓是杭州现存唯一的古代粮仓

大发横财。

当然,这些粮商并不知道,由于太多的粮食运进了杭州,粮价已经平复到斗钱百二十……

越往杭州走,就越显得有生气,每隔一段地方,就有施粥铺,有专门的差役和厢军维护秩序。

更让于九惊异的是,很多地方在大兴土木,粥铺四周就有很多牙人,在挑选看上去还有把力气的流民。

"永兴寺招工了,管饭,月钱一百哦!"

"灵隐寺重修大殿,招熟练木工,管饭,月钱一百二!"

"建义仓……"

……

这幅热闹景象，让于九忍不住揉了揉眼睛，感觉自己在做梦。

井狼阳看见于九的土鳖模样，忍不住得意道："这是我家主君的意思，饥岁工价至贱，可兴土木之役，以工代赈，不让尔等有失业流离之苦！"

"你家主君？"

"知杭州军州事范仲淹！"井狼阳左手握右手拇指，向天举了一下，满脸自豪道。

"范知州……"于九咀嚼着这几个字，由衷地佩服和感激。

"于家兄弟，走，某带尔等去看看赛舟，今日就有！"

如同大部分人一样，井狼阳作为一名高贵的范知州亲随，救了两个乡下百姓，情不自禁炫耀起来。他非常享受于家兄弟睁大眼睛、张大嘴巴那副惊骇模样。

当看到一群汉子赤着上身，挥舞着船桨，在一片山呼海啸中，奋力竞舟时，于九兄弟确实如井狼阳所料，露出一副痴呆模样。

只是，井狼阳所不知道的是，在于九兄弟的幼小心灵中，腾起了一种别样的情绪：

希望！

于家兄弟所目睹的正是范仲淹冒着弹劾风险，推出的"荒政三策"，有司指责他"嬉游不节，不恤荒政"，"公私营造，伤耗民力"，但最后效果却证明"仰食于公私者，日无虑数万"，既以恤饥，因之以成民利，"荒政之施，莫此为大"，"是岁，两浙惟杭州安然，民不流徙"，皆文正之惠也。

# 生查子

雨打江南树，一夜花开无数。绿叶渐成阴，下有游人归路。　与君相逢处，不道春将暮。把酒祝东风，且莫恁、匆匆去。

范纯礼从来没有看见过自己的爹爹如此高兴，完全是因为一个年轻人的到来。

王安石，鄞县知县，年仅三十岁。

为了接待这个年轻人，范仲淹专门在孤山雅舍设宴，且在西湖泛舟畅谈。今日已经是第三天，两人的交谈还没有结束迹象，反而是越谈越欢。不过交谈的内容涉及当今朝政，范纯礼屏退了左右，只留了几个亲随四处警戒，端茶递水都由他自己一人。

"希文公以为，当今朝廷如何？"王安石的问题直达本质，并没有多少绕弯，他的眼神特别明亮，加上蓄着不符合年龄的长须，显得分外有压迫力。

范仲淹沉吟了片刻，突然站起身，来回踱步。

孤山范公亭

窗外，艳阳高照，映射着水波，闪耀着粼粼波纹。

范仲淹在窗前停下脚步，看着西湖湖面，突然叹气道："当今朝廷，犹如这水波，看上去光华无比，却有无数顽疾。"

"朝廷一直采用防微杜渐之国策，且有恩荫制度，恩荫最泛滥时，仅一次就提拔四千余人为官；加上兵多而不精，兵员庞大而战力堪忧……像某帐下羌兵十余人，乃某精选锐勇之士，披甲而战，堪堪与西夏步跋子旗鼓相当，碰上铁鹞子也只能绕地而走，若是换上地方厢军、乡兵……"范仲淹苦笑一下，地方厢军连不要命的流民都打不过，此次大旱，地方崩坏，若不是自己将帐下羌兵分派出去，如何能弹压地方，制止混乱？靠这样的军队，也难怪与西夏之战，屡战屡败，丧师辱国。

"冗官、冗兵，最后导致冗费，朝廷开支如何能够支撑？长此以往……"范仲淹按下不说，其实言下之意也很明显，若是不能进行大的改革，当今朝廷只怕也支撑不了多久。

此时的王安石还是年轻，骇然起立，叉手致礼道："如之奈何？"

范仲淹又叹了一口气，不过他非常喜欢王安石这个年轻人，有干劲，有想法，比大多数官员好太多。宋朝的官不求有功，但求无过，只要没有大错，就能依凭资历升迁。若宋朝的官都有王安石这样的上进之心，大宋也不至如此。

能不能对他说呢？范仲淹还是有点犹豫，但是看着王安石诚恳的眼神，心中豁然：罢了，罢了，自己已经是年高体衰，来日无多，何不寄希望于安石这位晚辈后生？

"某以为，对官，需明黜陟、抑侥幸、精贡举，要责其廉节，均公田。其实不外乎八字：唯才是举，知人善任！对民，覃恩信、重命令，凡是惠民之策，万万不可朝令夕改，凡是拖延或违反朝廷诏令，一律严惩。只要懂得兴利除害，广修水利，重视农桑，减轻徭役，藏富于民，就能天下安康；只要百姓安居乐业，朝廷就有万世之基！"

王安石眼睛一亮，仿佛找到了自己的方向。

看着王安石的神情，范仲淹顿时想起了自己的庆历新政，忍不住告诫道："介甫，新政之事绝非易事，庆历年间，某也行新法，但是……"

只要行新法，必然触动原有利益阶层的利益，如何

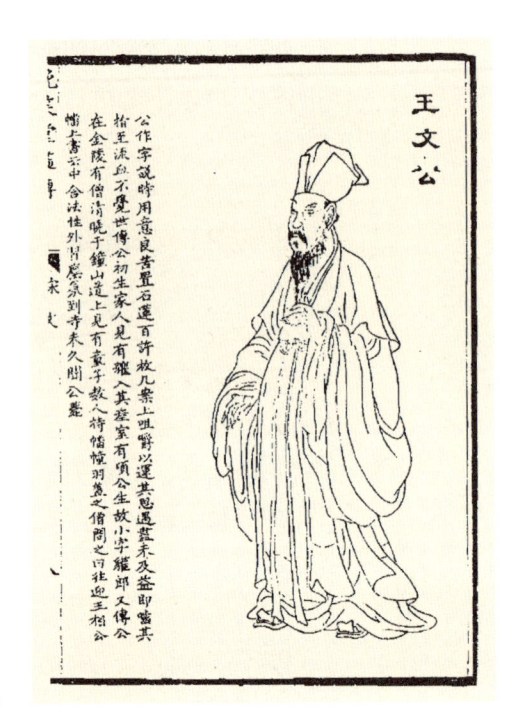

王安石像

能不招致他们的抵制回攻呢?

"希文公,变法岂能没有牺牲?安石早就知晓!"

范仲淹肃然起敬,"牺牲"一词,出自《左传》:"牺牲玉帛,弗敢加也,必以信。"指的可是祭品。王安石年纪轻轻就有此觉悟,真是果敢之人!

范仲淹忍不住又告诫道:"介甫,还有一事,庆历年间,某对官员筛选,凡不合格、不称职甚至贪腐之官员,都将他官职一笔勾去。富弼劝某:'范公勾一笔,一家子哭。'某道:'一家子哭,怎比得上千家万家哭。'变法即为革命,万万不可存有妇人之仁!"

"革命",语出《周易》:"天地革而四时成,汤武革命,顺乎天而应乎人!"

王安石了然，深深鞠了一躬，表达自己由衷的恭敬和佩服！

范仲淹与王安石在西湖边的对话，影响深远。王安石记住了范仲淹那些肺腑之言："求民疾于一方，分国忧于千里"，"视阙政如己之疾，视恶吏如己之仇"，"慨然有益天下之心，垂千古之志"，"不敢以一身之戚，而忘天下之忧"，"公罪不可无，私罪不可有"，"思天下匹夫匹妇有不被其泽者，若己推而纳之沟中"，"舍己之私，从万人之望"，"宁鸣而死，不默而生"，"寸怀如春风，思与天下芳"，"但愿天下乐，熙熙千万春"。

更是赞叹："惟圣人设卦观象，穷则变，变则通，通则久。非知变者，其能久乎？此圣人作《易》之大旨，以授于理天下者也，岂徒然哉"，"以德服人，天下欣戴；以力服人，天下怨望。尧舜以德，则人爱君如父母；秦以力，则人视君如仇雠。是故御天下者，德可凭而力不可恃也"，"上以象一人之德，下以悦万国之心"，"《易》之为教也，达乎四维。观其象则区以别矣，思其道则变而通之。上以统百王之业，下以断万物之疑。变动不居，适内外而无滞；广大悉备，包上下而弗遗。至矣哉！无幽不通，唯变所适"。

两年后，皇祐四年（1052），范仲淹不幸病逝，王安石深哀痛悼，"呜呼我公，一世之师。由初迄终，名节无疵"，"硕人今亡，邦国之忧。矧鄙不肖，辱公知尤。承凶万里，不往而留。涕哭驰辞，以赞醪羞"。

在范仲淹逝世十七年后，王安石终于凭自己的才干，从知县之位步步生莲，步入殿堂，成为宰执，领导了一场更为持久深远的变法运动[1]。

---

[1] 史称"熙宁变法"，亦称"熙丰变法"，俗称"王安石变法"。

# 附记

范仲淹在杭州任职时间不足两年，却已"遗爱流传"，"里巷之人皆知其名字"，杭州人为感念范仲淹之惠政，在孤山建起了"范文正公祠"，在梅东高桥建起了"范府君庙"。

清代仁和知县赵世安纂辑的《康熙仁和县志》卷十四《坛庙》有范仲淹祠庙的记载："范明王庙，在梅东高桥东相沿（按：东相应为东厢之误，意即桥的东面），系文正公范仲淹为此地土谷神。康熙十一年，巡抚范承谟以其苗裔，至庙致祭。"

此外，杭州民间尚有存世一件清代《杭州使院范文正公祠记》碑拓。此碑拓是道光十四年（1834）冬由时任浙江学政的陈用光撰记、书法家何绍基书写的一篇为当时的杭州府使院内范文正公祠堂正名的文章，记载了范仲淹在杭州任上"崇儒重学，发粟救饥"，有功于杭州人民。杭州人感其恩德，为其建祠，四时祭祀。由此可知，清代杭州中河上的"梅东高桥"旁有范府君庙，是老百姓祭祀范仲淹先生的。随着时代变迁，后世的杭州人已将范仲淹神化成土地之神。

《杭州使院范文正公祠记》拓片

祠记中又进一步说明，当年在陈用光任职的提学署中，亦有一座尊奉范仲淹先生为"土地神、白鹤仙"的祠庙。清代的杭州提学署，亦称浙江提学使署，正是今天的杭州第四中学。旧时提学使署内建有范文正公祠堂，只是到了清道光年间杭州人已将其讹称为土谷祠了。时任浙江学政的陈用光经认真考证后写成《杭州使院范文正公祠记》一文为其正名，并将文章铭刻成石碑嵌于使院墙上，用以告知后人。

## 参考文献

《范仲淹全集》，四川大学出版社，2002年。

胡永杰：《范仲淹，楼上一叹动千年》，中国发展出版社，2008年。

诸葛忆兵等：《范仲淹传》，中华书局，2012年。

程应镠：《范仲淹新传》，上海人民出版社，2016年。

《孤山志》，《杭州文献集成》本，杭州出版社，2014年。

第三章

清白江人行清白

# 睦州
## 北宋嘉祐元年（1056）

这是一只离群的白鹤，通体雪白，胸和前额鲜红色，嘴和脚暗红色，看上去颇为圣洁。此时的它很惶恐，已经辨不清四周的环境，换句话说，它迷路了……

此处已经在睦州治所建德梅城，与传统意义上的白鹤栖息地鄱阳湖相去甚远。

此时的白鹤很警惕，特别是它镰刀状的三级飞羽在长途跋涉中受到了一点伤害，需要休养，现在的它根本飞不起来。而糟糕的是，不远处就有一个人类，一个年长的人类，不怀好意地看着它，手中还晃动着一条溪鱼，充满了要诱骗它的感觉。

这里的苔草有点难吃，水流也很湍急，不像是那种湿地，能够方便地捕获小鱼……总而言之，食物对于它来说，还是充满了诱惑。

白鹤张开了翅膀，示威性地露出了黑色次级飞羽，表示它随时都能飞走，然后又观察了一下这个人类，感觉到他还是有点……嗯……同类的气息，淳朴，没有恶意。

又停留了片刻后，白鹤向那个人类靠近了几步，警惕地用喙飞快叨走了那条溪鱼，在昂头咽下的同时，又示威性地张开了翅膀。而那个人类，不知道从哪里又掏出了一条溪鱼……

建德梅城北靠乌龙山，南临三江口，乃是水路要道，睦州治所所在。这里历来繁华，水门之外，船舶云集，分外热闹。不过近日，梅城起了一些风声，城中商贾胥吏多有走动汇聚。

"押司，听闻赵阅道要来？"说话之人身形佝偻，是本地商人方宁，排行老三，人称方三。而他询问之人是本地押司，方虎，是他族弟，排行老九，人称方九。

方九名字霸气，但是长得斯文，早年还考过科举。

宋代科举"家不尚谱牒，身不重乡贯"，不讲门第出身，所以连方九这般，家中略有浮财，也送他读点圣

梅城古城墙

贤书。只可惜不是文种，最后有点学识，靠着家中关系，当了押司。

不过方九也算有见识，知道族兄担心什么，看了看四周，压低声音道："三哥，你倒消息灵通，最近你也收敛一点，赵阅道可是出了名的铁面御史，两年前，他可真真把当朝陈相公都告倒了！"

二人口中的赵阅道，是景祐元年（1034）进士赵抃，衢州人，曾任殿中侍御史，弹劾不避权贵，正气凛然。据说他脸长得黑，京师里都叫他"铁面御史"。

至于方九所言两年前的事，那是在至和元年（1054），宰相陈执中纵容家属殴打丫鬟致死，还导致两名丫鬟上吊自杀，官家有意包庇，赵抃先后上书十多次，要求对此严格执法并罢免陈执中。同时还弹劾了对此不闻不问的谏官张择行和反对罢免陈执中的谏官范镇。此事闹了一年多，结果陈执中被罢免，以镇海军节度使、同平章事的身份出判亳州（今属安徽）。赵抃也因此事，知睦州，从某种意义来说，也就是被赶出中枢，不受重用。

此事当然并非如表面这么简单，背后还隐藏着陈执中身为宰相，对官家为张贵妃哀悼愈恒，废朝七日，并以皇后礼仪将张氏丧葬，还追册为皇后，赐谥温成，完全乱了规法等等情事不闻不问，不劝谏制止，其实是一个综合结果。

但在睦州寻常小民眼里，哪里知道这么高深的道理，只是知道这位"铁面御史"如何了得，能把当朝宰相拉下马。

而对于平时偷鸡摸狗如方三之流，自然威慑力强大。

你想想，连宰相都敢弹劾的人，那是真真铁面无情的人，他来当睦州知州，那是肯定要整肃地方，清朗空间，哪里还有他们的好？

方三没来由地一阵烦躁，扯了扯领子，四处张望了一下，突然看到一个人，瞳孔不禁一缩，脸色煞白，结巴道："那……那……是……是……铁、铁、铁……"

"铁什么铁……"方九寻着声，转头望去，也一下愣住了。

只见一名老者，约莫五十上下，身着窄袖圆领衫，须发微白，脸色黧黑，身板挺直，牵着一匹西北墨色番马。马的一侧挂着一张古琴，而另一侧放着一个竹篓，里面赫然挺立着一只白鹤！

方九是有见识的，宋的马价可到一百贯，绝非普通百姓可以拥有，一般来说商贾豪商或有可能，但是多半是前呼后拥，绝对不会如此低调，那剩下的只有——官。

宋朝时，官员的薪俸是非常高的，野史中有记载，宰相薪俸可以到月俸五十万文。所以宋官多数廉洁。前面说的陈执中，身为宰相，也曾拒绝自己亲女婿求官。

睦州大小官员，方九哪个不识？外地官员，脸色又黑……这些因素加在一起，只有一个结果：来者就是新任睦州知州，赵抃赵阅道！

方九一个激灵，赶紧提了提衣摆，塞进腰带里，小碎步快跑了出去。

赵抃站在一口井前，略作停留。这口井看上去颇为古老，静静立在墙脚，它有一个六角形的井圈，低头往井里看去，还能看见六块长条石插水而入。

"可是赵知州？"一个清脆的声音传来，赵抃转头，就看见一白净汉子快步跑来，衣摆都塞进腰带中，额头微有汗渍，看上去气还未喘匀。

赵抃微微点头，不作声。

"在下方虎，排行老九，赵知州可唤在下方九！"方九自来熟地介绍道，"在下是本城押司，早就听闻赵知州要来睦州，不想今日有幸碰见。"

还没等赵抃回答，方九马上卖弄道："知州，你可知晓，这井可大有来头，那是吴国太，嗯，也就是三国孙坚的次妻，打水饮用的古井，名唤六合井，可是这梅城最有名的古井！"

赵抃笑笑，这种乡间谬传也就听听，不过此井甚是古老，倒可打口水喝喝。当下打了口井水尝了一下，井水颇为甘甜，确是好水。

"方九，带路！"

赵抃看着这方九也是机灵人，对本地风物甚是了解，就起了用他之心。正好，他也需要一个本地人，能够带他好好走访乡野，了解民情。

# 睦州
## 北宋嘉祐三年（1058）

上石披松十步劳，下窥人物见秋毫。嗟谁更向孤峰顶，树塔孤撑碧落高。

此时的赵抃比初到睦州清瘦不少，这些时日，他走访睦州治下桐庐、分水、淳安、遂安、寿昌各地，了解民情，为如何施政做准备。

今日正好转回梅城，看到北岭景色不错，特来走走，忍不住吟诗一首。

"知州，真是好诗！"方九擦了擦额头汗水。

此时的方九若是唤一亲友来，只怕是认他不出，原来他白净体面，现在却是面庞黝黑，有点像赵抃脸色。衣着也简练不少，不再是圆领长衫，为了方便行走，穿了一件黑色窄身布袍。

"小九，此处倒是雅致，有什么典故呀？"赵抃眯着眼，称呼是亲近了不少。

"又来……"方九内心一片哀叹，不得不打起精神回道："此处叫北峰塔，听闻是隋唐时就造了。东头有圆通庵，又称高峰院，是善导和尚少康大师的道场院，里面有灵感观音像，遇旱祷雨有应。这里不远处，还有两口井，叫'碧波双井'，一井通新安江，井水清澈；一井通兰江，井水浑黄。"

"知州你看，这东面是富春江源头；西望，靠山面水的就是整个梅城；南望，新安江、兰江、富春江三江汇聚；北望是乌龙山，像不像一面屏风放在眼前，真真是个好地方！"

作为梅城押司，方九对家乡还是热爱的，一说到此处，他不禁眉飞色舞，声调高了起来。

赵抃点了点头，找了一块石头，轻轻拂了一下上面泥尘后坐上去，然后不知从哪里掏出一条溪鱼来。一声清亮鹤唳后，一羽白鹤就从天而降，落在了赵抃身边。

方九很讨厌这通灵白鹤，而白鹤也能感受到他的厌恶，昂头吞下那条溪鱼后，给了方九一个不屑眼神，振翅飞走。

"呸……一头扁毛畜牲，倒像个人了！"方九心中暗骂。不过他也知道这只白鹤是赵知州心爱之物，宝贝得不得了，这等话是万万不能说出口的。

"小九，这些时日也是麻烦你了，陪着我走访各地。"赵抃的声音醇厚缓和，听着让人舒服。

"哪里，哪里！"方九心中一暖。这赵知州真是体恤下属的人呀，不过也是一个做事极细之人，这段时间，方九是亲眼目睹这赵知州如何私访乡里，和农人攀谈

新安江三江口

交流。

想到此处,方九就觉得后颈发凉,现在睦州各地县令佐官只怕都不知道,顶头上司根本不需要他们迎来送往,一个人就下乡了解民情,到了今时今日,远比这些地方官要懂这睦州风土、乡里民情。

"小九,我就要走了……"赵抃突然道,面色一如往常。数日前,他已经知晓新的调令,移梓州路转运使。

方九一愣,突然内心一阵复杂,跟着赵知州那是真真累,但是却非常有成就感。赵知州了解民情后,先后上奏朝廷免除建德"没有茶地却要交茶税""素无牧羊习俗,却无端受命每年须向邻州输送羊肉"等不合理负担。他亲眼看见乡下百姓是如何欢呼簇拥这个干实事的赵知州的。

"知州……"方九开了个头,不知道该怎么说,吞咽了一下,就垂手站立,默然无语。

赵抃也不在意，独自道："睦州连通杭、徽、衢，风土本也淳实，各县佐官大抵奉公守法，虽有一二惰政者，却也合着无为而治的道理。对于地方，只要没有大错，我还是守着别乱干涉的道理，各县佐官不易，就不给大家添麻烦了。茶税、输羊都是乱政，县官管不得，我这知州倒是可以协调一二，也是我分内之事。"

赵抃停顿了一下，望向远方，就看见那羽白鹤，在三江口上盘旋，洁白羽翼在阳光下微闪银光，甚是好看。

"小九，你可知我为何弹劾陈相？"赵抃没来由地说了一句。

方九惊骇抬头，不知道赵知州为何有此一问。

"陈昭誉是个好官，他女婿求官，他都能说官职是国家的，非卧房笼箧中物，安得随便与人？不过他性子严苛，说话简单直接，与人少了周旋。接待宾客甚至亲戚骨肉，从不谈笑，最糟糕的就是吝啬恩惠他人，士大夫多数怨恨他，但我却敬他重他！"

说到这里，赵抃难得神色黯然，微叹一声道："此次他嬖妾张氏笞女奴迎儿致死，他却起了包庇之意，我就知道他守不住本心，起了私欲。若是由他，只怕晚节不保，连着性命都……这个不应该是他的结局，所以才连起十二道弹章，务必让他明了，国法家规，都逾越不得！"

方九听了，心中翻卷起惊涛骇浪，怎么都想不到事情原来是如此这般。

"小九，你为人聪慧，过目不忘，这年余也尽心尽力，押司虽是小吏，但还是有机会做官。我就要走了，就以此事告之，为官者要通融恩泽，更要守住本心，越往上，越要小心，特别要管好家人。不然，只怕自己性命都保不住，就悔之晚矣！"

说到这里，赵抃站起身来，拍了拍方九肩膀，道："我走了，好自为之！"

仰头清啸一声，那通灵白鹤听闻，一声鹤唳，就收羽直冲而下，落在赵抃身后，还不忘回头瞅了一眼方九。

方九脑中千思万想，一度闪回到出生之时，再想想周围均是方三这般腌臜泼才，自己如何能守住本心？突然间觉得，自己一生就在梅城打滚，最终就落着老死乡里，何等悲哀！

忍不住胸口一热，大声道："知州，小人愿随你左右，开开眼界，学学做人！望知州怜悯，带小人出梅城！"

"小九，你来吧！"远处赵抃哈哈一笑，大声回应。

数日后，赵抃移梓州路转运使，又改任益州转运使，一路之上，一随从一马，一琴一鹤，再无他物。

# 杭州
## 北宋熙宁四年（1071）

熙宁四年的大宋并不太平，从熙宁三年开始，西夏太后梁氏征发全国十五至七十五岁男子，组成三十万大军进攻环庆路。

而朝廷中，王安石拜相，启动了轰轰烈烈的变法，推出了一系列新法，如青苗法、免疫法、方田均税法等。

此等新法本意是为了限制地主豪商，改变北宋积贫积弱的局面，但是越往州县走，就越是被曲解，更有一批有心人加以利用，鼓吹新法伤民。

而可悲的是，地方舆论均被地主豪商把持，在这批既得利益受损者鼓动下，乡间一片混乱。

钱小乙四处张望了一下，他是杭州左近越州萧山人，今年才二十出头，听闻方田均税要把贫田富田都均了税，还要缴纳现银，哪里还敢耕种，连忙抛了荒，跑到杭州城里讨食吃。

钱小乙身材矮小，尖嘴猴腮，有个诨号"梁上鼠"，在杭州尽搞一些偷鸡摸狗的事。不过最近城中流民渐多，一帮子年轻气盛的汉子聚集在一起，互相称呼"袍泽"，同穿黑衣，行事蒙面，一般百姓哪里敢招惹他们。

成了气候后，也渐渐有了分工，像钱小乙这样的只能当"探子"，兼着做做望风；还有一批孔武有力的汉子则当"锐子"，专门集群教训不听话的百姓；另有一批能说会道的，经常在各处散布谣言，恐吓百姓，充当"话子"。

在这么一个群体里，钱小乙感受到了"底气"，以及能够睥睨寻常百姓的那种快感。

前段时间，听闻有"铁面御史"赵抃知杭，他们还收敛了一阵子，不过看赵抃到任后也没什么作为，似乎就是一个性子宽厚的人，一群人就又嚣张跋扈起来。

街道如往常一般寂静，大多数门窗关着，钱小乙搓了搓手，细想着到哪户人家去要点吃食。他并不担心户主会有所不满，如果敢抵抗，就叫上锐子，教对方"做人"。

然后，他就看见了一个怪异现象。

一羽白鹤，站在不远处屋顶上，一双圆圆鹤眼直勾勾盯着他，似乎露出讥笑神色。

钱小乙以为自己眼花了，揉了揉眼睛，再凝神看去时，那白鹤换了个姿势，梳理了一下羽毛，露出黑色飞羽来。

杭州，怎么会有白鹤？钱小乙没啥见识，但是这种传说中的仙禽，哪里是杭州能看得见的。

还没等他回过神，后颈一紧，就被一只大手勒住，身体不受控制地被拖到一处小巷中。

"九哥，是探子！"身后人声音浑厚，明显不是本地口音，带着一点川腔。

而眼前……钱小乙只感觉浑身无力，双股打颤。

一群精壮汉子，脸上都刺着字，如果钱小乙识字，就能认出大多数人刺着"宁海指挥"，而少数刺着"威果指挥"，而勒住他的那名壮汉拇指上还刺着"宁海军节度亲兵"的字样。

"是兵！"钱小乙再没见识，也知道这是一群军汉，还不是普通乡兵，是厢军中的精锐！

这群汉子簇拥着一名黑壮中年人，那人脸色黝黑，一看就是时常走动乡野之人，而且身上有股钱小乙说不出来的气质，这种气质让他感觉自己很卑微，自惭形秽。

"九哥，该如何处置？"身后军汉问道。

那被称为九哥的汉子也不动声色，微微沉吟了一下，抬起一只手："绑了！"

钱小乙只觉得浑身一疼，就被缠上麻绳，连着嘴里也被塞进了麻布。

"冲！"那个九哥单手握拳，用力一摆。

"喏！"四周一片低声应诺。钱小乙只能惊恐地睁大眼睛，看见一批批军汉鱼贯而出，直扑"袍泽"们休憩的大院。

《乾道临安志》载："杭州故多盗，闻抃性宽，细民益聚为盗。"赵抃了解情况后对扰民严重者狠狠打击，使盗窃团伙迅速瓦解。他告诫年轻人去恶从善，习好行正，一时民风转佳，境内太平。

布局的赵抃赵知州，此时并不在杭州城内，他很放心亲随方九的处理能力，在吩咐完事宜后，就带着几个侍从来到了上天竺，拜会一个友人，等一个客人。

赵抃拜会的友人是上天竺住持辩才大师。

这辩才大师是天台宗著名高僧，说起来和唐朝天台宗湛然大师还有点渊源。由于他道行高深，吴越人争先恐后皈依，在他主持下，"开山辟地二十五寻"，"增广殿宇"，"几至万础"，且"殿皆重檐"，"重楼杰观，冠于浙西"，上天竺因此而成为杭州大丛林。

二人相会的地方在上天竺白云堂，地方不大，内点檀香，在阳光照射下，显得分外安谧。

"知州老当益壮，一点都看不出已逾花甲之年。"辩才长得清瘦，常年坐禅辟谷，眼睛却是炯炯有神，摄人心魄。

"老了,老了,当年匹马进川,也就带着方九一个从人,现在到哪里都要带几个亲随，小辈们不放心呀。"赵抃哈哈一笑。

"今日知州前来，是要介绍何人与贫僧？"

赵抃眯了眯眼，露出欣赏神色，道："是个妙人，算算行程，也快到了。"

〔宋〕苏轼《次辩才韵诗帖》

话音刚落,门外从人就引进一个三十来岁的士人来。这士人蓄着长须,让他看上去比实际年纪老上几分,而头上戴的帽子更是奇特,由乌纱做成,帽身较长而帽檐极短,极像一个高高的筒子倒扣在头上。

"来来,辩才大师,我为你介绍一下,这是新任杭州通判,苏轼苏子瞻!"

辩才听闻,也不禁起身迎接,这苏轼是大大的名人,嘉祐六年(1061),应中制科考试,即通常所谓的"三年京察",入第三等,为"百年第一"。

"久仰,久仰!"

苏轼连忙回礼,找了地方坐下后,叹气道:"知州,我是逃出京城的,之前上书陈说王相新法弊病,王相愤怒得紧,让御史谢景在官家那里说我过失,我还能不知趣请求出京任职?想不到同被派到杭州来。"

赵抃笑道:"安石气量狭小,就是听不得人反对,当年我就不应该和官家说，新法皆安石所建，不若俟其出。结果，安石拜相，更不肯圆通，搞新法愈坚，去重而取轻，失大而得小，惧非宗庙社稷之福也。"

说到这里，赵抃叹了一口气，连忙道："来来来，子瞻，这是辩才大师，上天竺住持，天台宗高僧，不但佛法精深，还是杏林高手，听闻你次子苏迨体弱多病（一说脑积水），四岁尚不能行走，可以带来让大师看看。"

苏轼眼睛一亮，连忙躬身致谢。

辩才笑笑，突然道："苏通判这帽子？"

"哦，这是我自己做的，原来帽子戴着不方便，改成这样，舒服一点。"

"可有名谓？"

"也没取名，就叫子瞻帽好了！"苏轼随意道。此时的苏轼尚不能预知，在元丰三年（1080），他因为"乌台诗案"被贬至黄州（今湖北黄冈），自称东坡居士后，这帽子就被唤作"东坡巾"，风靡一时。

辩才转头对赵抃道："真是妙人，今日不谈国事，贫僧正好自己种了一些茶，请二位品尝！"

这是赵抃、苏轼、辩才的初次齐聚，也是唯一一次齐聚，不久以后，赵抃改任青州知州，与苏轼的人生轨迹就失去交集，一直到赵抃逝世，也没能再次会聚。

此后还有一段轶闻。苏轼再次来上天竺谒见辩才，是不久后的冬天。当时辩才正好云游讲学，苏轼在白云

米芾题"苏子岭"

堂前雪地里空等一场。临走时,苏轼在堂壁上写下七绝一首:"不辞清晓叩松扉,却值支公久不归。山鸟不鸣天欲雪,卷帘惟见白云飞。"

后人为了纪念,在此处建造了一座"雪坡亭"。

而狮子峰与上天竺之间有一条"苏子岭",原名梯子岭,因苏东坡与辩才交游"尝夷犹于此"而改名。

苏轼次子苏迨,后来辩才法师亲为摩顶施治,结果苏迨行走如飞,一时传为美谈。为此,苏轼作诗称谢,中有"我有长头儿,角颊峙犀玉。四岁不知行,抱负烦背腹。师来为摩顶,起走趁奔鹿"之句。

而此时的赵抃,带着几个亲随,依然琴鹤相伴,一身清风走在青州大地上。

# 越州
## 北宋熙宁十年（1077）

白鹤已经生长了二十二年了，它跟着赵抃走过了太多地方，从东到西，从南到北，它亲眼目睹着这个人类从头发微白，到满头银发。今年赵抃几岁了？七十了？

白鹤并没有什么人生感叹，它也不懂，但它知道，这个长伴在旁的人类已经老迈，透出力不从心的迹象。

此时白鹤在钱塘江边飞舞，空中到处是讨厌的蝗虫，而天上的太阳又极为毒辣。

"官家又否了我的引退，要我就近去杭州救灾！"

赵抃拄着拐杖，低声和身边方九道。

方九也已经年近五十了，身形依然挺拔，就是须发有点微白。这么多年来，他感觉自己过得很充实，救助了很多人，帮着赵抃做了很多有意义的事情。

"主君，这也是官家对您的恩宠。"

"人要服老，人生七十古来稀，哪里还有多少时间！"

赵抃笑笑，显得自己还是非常乐观。

"不过这灾情……"让他肃然的是，这严重的灾情，蝗虫、大旱几乎让杭州和临近杭州的越州萧山一带变成赤地。

其实从熙宁八年（1075）开始，吴越一带已经陷入严重旱灾，赵抃一直努力备荒救灾，北宋著名散文家、史学家、政治家曾巩还专门写了篇《越州赵公救灾记》，上面有如下记载：

> 熙宁八年夏，吴越大旱。九月，资政殿大学士、右谏议大夫知越州赵公，前民之未饥，为书问属县：灾所被者几乡，民能自食者有几，当廪于官者几人，沟防构筑可僦民使治之者几所，库钱仓廪可发者几何，富人可募出粟者几家，僧道士食之羡粟书于籍者其几具存，使各书以对，而谨其备。

> 州县吏录民之孤老疾弱不能自食者二万一千九百余人以告。故事，岁廪穷人，当给粟三千石而止。公敛富人所输及僧道士食之羡者，得粟四万八千余石，佐其费。使自十月朔，人受粟日一升，幼小半之。忧其众相蹂也，使受粟者男女异日，而人受二日之食。忧其且流亡也，于城市郊野为给粟之所凡五十有七，使各以便受之，而告以去其家者勿给。计官为不足用也，取吏之不在职而寓于境者，给其食而任以事。不能自食者，有是具也。能自食者，为之告富人无得闭粜。又为之出官粟，得五万二千余石，平其价予民。为粜粟之所凡十有八，使籴者自便如受粟。又僦民完城四千一百丈，为工三万八千，计其佣与钱，又与粟再倍之。民取息钱者，告富人纵予之而待熟，官为责其偿。弃男女者，使人得收养之。

> 明年春，大疫，为病坊，处疾病之无归者。募僧二人，属以视医药饮食，令无失所恃。凡死者，使在处随收瘗之。
>
> 法，廪穷人尽三月当止，是岁尽五月而止。事有非便文者，公一以自任，不以累其属。有上请者，或便宜多辄行。公于此时，蚤夜惫心力不少懈，事细巨必躬亲。给病者药食多出私钱。民不幸罹旱疫，得免于转死，虽死，得无失敛埋，皆公力也。

可以说，赵抃最擅长的"救灾部署"，在吴越大灾救治中发挥了重大作用，他安排的工作环环紧扣，细致周全，充分调动了官府、民间力量，集合一切可以利用的资源，而赵抃本人也捐献了自己所有的资产用来救灾，可以说倾其所有。

相比较，由于原杭州地方长官、杭州知州苏颂被召回中枢，修撰仁宗、英宗实录，杭州的救灾工作就显得极为混乱，死者众多，一般官吏完全乱了方寸，也难怪皇帝让赵抃就近救灾。

远处白鹤突然悲鸣了几声。

"白鹤发现了什么？"方九神情严肃，他和白鹤相处了很久，知道白鹤不会轻易发出这种鸣声。

"去看看！主君，您在这里稍候！"方九挥了一下手，指挥着几名随从跟上。

尸体，大量尸体。

有的漂浮在钱塘江面上，有的则趴伏在岸上，很多

〔清〕谢彬、章采《西湖载鹤图》（局部）

第三章　清白江人行清白

尸体一看就知道生前营养不良，好多孩童尸体的肚子高高隆起，显然是饥荒饿症。

"杭州的饥荒比想象严重……你们，收殓下尸体，找个地方埋了，你，去萧山县衙，告知县令，做好救灾准备！"方九久跟赵抃，处理事情早就有了方略，当机立断，当场就下达了指示。

等着他处理妥当后，赵抃也在随从搀扶下，来到钱塘江边。

"主君！"方九看了看赵抃，垂手等候。

赵抃望了望四周，道："小九，安排人，立刻前往杭州州府，命令府衙开仓赈济，以解燃眉之急！此外，你亲自邀约杭州富户借粮，允秋后偿还，此事由杭州州府担保！最后安排一下，近日我将走访杭州属县，共商互助救灾、借种深耕、增产自救之事！"

"喏！"

"安排车马，我去趟上天竺，为杭府州百姓祈福！"

"喏！"

祈福仪式由辩才大师亲自主持，同时，辩才也许诺，将部分寺产捐赠给杭州百姓。

作为老友，辩才和赵抃也说了不少话，表达的意思也就两个：一个，他也老了，今年六十六岁，主持上天竺日常有点吃力，考虑退隐。另一个是关于钱王的，"陈桥兵变"后赵匡胤继位，南征北战，统一北方；而东南一隅的吴越国国力强盛，本有抗衡之资，但吴越国王钱镠之孙钱弘俶，遵循王祖钱镠"善事中原，维护一统"的家训，也是为了保护老百姓生命财产不受损失，避免生灵涂炭，取消吴越王位，尊赵氏为帝，舍别归总，将所部十三州、一军、八十六县、五十五万六百八十户、十一万五千一十六士卒，悉数献给宋朝，史称"纳土归宋"。

"钱王仁义，当年就护着吴越之地，杭州因他而兴，一举超过越州，成为东南名郡。纳土后不及百年，钱王的坟庙就败落了。贫僧寻思着这次吴越大旱，也有天道因果的问题，斗胆请赵知州上书官家，重修钱王祠。"辩才心知此事让赵抃为难，遂微微躬身，表达歉意。

赵抃略略沉吟，此种为他国君王重修坟庙的事，本来就很棘手，没多少官员愿意处理，不过……

赵抃笑了一下，自己已年逾古稀，还在乎这些？本来两袖清风，不留余产，也不见得想荫庇子孙。这是有大功德的事，就如辩才所说，此次吴越大旱，未尝不是天道感应？

"辩才大师尽管放心，此事我一力承担！"

"阿弥陀佛，贫僧谢过赵知州。"辩才一脸轻松，也算是做了一件大事。随后就带着赵抃到了一处所在，乃是履泰乡（今龙井）晖落坞寿圣院。

"此处乃吴越国钱弘俶乾祐二年（949），由居民凌霄募缘建造，称报国看经院，今年改名寿圣院，寺额还是苏子瞻题写的，贫僧打算在此终老。"

"地方是不错，就是有点败落！"

西湖东岸涌金门附近的钱王祠石牌坊（老照片）

"无妨，无妨，贫僧慢慢修缮，过一两年，赵知州再来，就有别样风采了。"

"甚好，辩才大师可要等我！"赵抃哈哈一笑，留下此言。

赵抃离去后，除了救灾，正式起草了重修钱王祠的表文，上书朝廷，获得了宋神宗的认可。

赵抃离任后，苏轼知杭州，在他任上，在龙山废佛祠妙因院的基础上，完成了新钱王祠的修缮，为杭州留下了宝贵的财富，至今，由苏轼撰并书的《表忠观碑记》还耸立在西湖边。

# 《表忠观碑记》

熙宁十年十月戊子，资政殿大学士、右谏议大夫、知杭州军州事臣抃言："故吴越国王钱氏坟庙及其父、祖、妃、夫人、子孙之坟，在钱塘者二十有六，在临安者十有一，皆芜废不治，父老过之，有流涕者。谨按：故武肃王镠，始以乡兵破走黄巢，名闻江淮。复以八都兵讨刘汉宏，并越州，以奉董昌，而自居于杭。及昌以越叛，则诛昌而并越，尽有浙东西之地。传其子文穆王元瓘。至其孙忠献王仁佐，遂破李景兵，取福州。而仁佐之弟忠懿王俶，又大出兵攻景，以迎周世宗之师。其后，卒以国入觐。三世四王，与五代相终始。

天下大乱，豪杰蜂起，方是时，以数州之地盗名字者，不可胜数。既覆其族，延及于无辜之民，罔有孑遗。而吴越地方千里，带甲十万，铸山煮海，象犀珠玉之富，甲于天下，然终不失臣节，贡献相望于道。是以其民至于老死不识兵革，四时嬉游歌鼓之声相闻，至于今不废，其有德于斯民甚厚。

皇宋受命，四方僭乱以次削平。而蜀、江南负其崄远，兵至城下，力屈势穷，然后束手。而河东刘氏，百战守死以抗王师，积骸为城，洒血为池，竭天下之力，仅乃克之。独吴越不待告命，封府库，籍郡县，请吏于朝。视去其国，如去传舍，其有功于朝廷甚大。昔窦融以河西归汉，光武诏右扶风修理其父祖坟茔，祠以太牢。今钱氏功德，殆过于融，而未及百年，坟庙不治，行道伤嗟，甚非所以劝奖忠臣慰答民心之义也。臣愿以龙山废佛祠曰妙因院者为观，使钱氏之孙为道士曰自然者居之。凡坟庙之在钱塘者以付自然，其在临安者以付其县之净土寺僧曰道微，岁各度其徒一人，使世掌之。籍其地之所入，以时修其祠宇，封殖其草木，有不治者，县令丞察之，甚者易其人，庶几永终不坠，以称朝廷待钱氏之意。臣抃昧死以闻。制曰："可。其妙因院改赐名曰表忠观。"铭曰：

天目之山，苕水出焉。龙飞凤舞，萃于临安。笃生异人，绝类离群。奋挺大呼，从者如云。仰天誓江，

《钱王祠表忠观碑》第一石 碑阳

月星晦蒙。强弩射潮,江海为东。杀宏诛昌,奄有吴越。金券玉册,虎符龙节。大城其居,包络山川。左江右湖,控引岛蛮。岁时归休,以燕父老。晔如神人,玉带球马。四十一年,寅畏小心。厥篚相望,大贝南金。五朝昏乱,罔堪托国。三王相承,以待有德。既获所归,弗谋弗咨。先王之志,我维行之。天胙忠孝,世有爵邑。允文允武,子孙千亿。帝谓守臣,治其祠坟。毋俾樵牧,愧其后昆。龙山之阳,肖焉新宫。匪私于钱,唯以劝忠。非忠无君,非孝无亲。凡百有位,视此刻文。(苏轼撰并书)

元丰二年(1079),辩才正式退隐寿圣院,请弟子怀益前来主奉香火,"汲巾侍瓶,甲乙相承,以严佛事"。众檀越合力出资出力,"庐具像设,甓瓦金碧,咄嗟而就"。"鼎新栋宇,不日而成。中建尊殿,严圣像也。前有三门,示三解脱也。钟鼓有阁,警晦明也。堂曰潮音,信群听也。斋曰讷,欲无言也。室曰寂,寂而常照也。阁曰照,照而寂也。泉曰冲,用不穷也。又,堂曰闲,赵公致政访师退居,二闲人也。庵曰方圆,不执一也。桥曰归隐,退以乐也。沼曰涤心,渊清澈也。群居有寮,安其徒也。众山环绕,景象会合,断崖泓澄,神物攸宅,龙井岩也。势将奋迅,百兽窜慑,狮子峰也。昔人饲虎,以度有情,萨埵石也。修竹森然,苍翠夹道,风篁岭也。"

元丰七年(1084),赵抃依约而来,二人这次再游,老友重逢,格外高兴。辩才陪他在龙泓亭品茶,赵抃感慨万千,欣然命笔,作诗曰:

> 湖山深处梵王家,半纪重来两鬓华。珍重老师迎厚意,龙泓亭上点龙茶。

辩才也和诗云:

[明]卞文瑜《西子眉·古龙井》

南极星临释子家，杳然十里祝清华。公年自尔增仙禄，几度龙泓咏贡茶。

这里有个典故。辩才在狮峰山麓开山种茶，品茗诵经，侍茶学文，过着隐居生活。而龙井茶名在古代志书、诗文中，最早是以地方命名，从这个意义上说，辩才当为龙井种茶的开山祖。

不久之后，赵抃去世，年七十七。

宋神宗听闻消息，悲痛万分，为了哀悼这位忠贞不二、为国为民操劳一生的贤良之臣，停止上朝一日。

宋哲宗时，追赠太子少师，谥号"清献"。

# 附记

赵抃一生，可谓清白一生，有几件逸事可以证明：

赵抃在渡四川清白江时，看到江水清澈透亮，船行至江中，他发誓说："吾志如此江清白，虽万类混淆其中，不少浊也。"

而另一事是，赵抃日所为事，夜必衣冠露香以告于天，借以检点反思。在他看来，倘若一个人连这都不好意思启口，那必定做了不该做的事，就需要警醒了。

赵抃死后，安葬在他的家乡，即今浙江省衢州市衢江区莲花镇东山边村。

2010年，当地行政区划调整，东山边村与樟树山村合并，取"清廉"之谐音，将新成立的行政村命名为青莲村。

赵抃墓前，有一块残碑及其赑屃碑座，碑名叫"赵清献公神道碑"，又叫"爱直碑"，为苏轼亲写，如今已经残缺。

观此碑全文，详细记述了赵抃一生，为人"和易温厚，周旋曲密，谨绳墨，蹈规矩，与人言，如恐伤之"，为官"弹劾不避权幸，京师号公铁面御史"，为政"诚心爱人，所至崇学校，礼师儒，民有可与与之，狱有可出出之"。

在苏轼眼里，"东郭慎子之清，孟献子之廉，郑子产之惠，晋叔向之贤"，赵抃"兼而有之"，字里行间充满了对赵抃深深的敬意与真诚的赞美之情。

## 参考文献

〔宋〕王称：《东都事略》，孙言诚、崔国光点校，齐鲁书社，2000年。

〔元〕脱脱等：《宋史》，中华书局标点本，1977年。

〔清〕罗以智编：《赵清献年谱》，王荣校，清抄本。

## 第四章 洪道贤相行事功

# 辅固村
## 北宋靖康元年（1126）

王黼踉跄着在泥泞乡间土路上急行，身后不急不慢跟着一名武士。

武士扎着结式幞头，身穿札甲，两袖缀有披膊，外面披着一件白色对襟袄，各处都用束甲绊扎紧，整个人显得格外冷峻。

武士不急，心中默数着步数，在踏出第九十六步的时候，王黼摔倒在泥地上，绯色锦袍一片污迹。

王黼翻过身，双手撑着地面，两脚拼命蹬着，下过雨的泥地湿滑，不易让他站起身来，他俊秀的面庞上涕泪直流，说不出的狼狈。

"别杀我！我贵为宰相，官家只是一时糊涂，我还有机会！"

"一百步！"武士不为所动，内心默念这个数字后，站在王黼面前，冷冷地看着这个才智出众但无学识，善于巧言献媚的原宰相，说不出的厌恶。

大宋沦陷，就是因为这些只知道媚献的官！

武士缓缓抽出环首刀，刀长两尺七寸，刀刃宽大锋利，刀镡桃形，刀柄带环首，武士双手持握刀柄，略略算了一下距离，高举过头。

"天诛国贼！"

武士高喝一声，奋力挥刀，锋利刀刃滑过王黼脖颈，鲜血直喷而出，将武士全身淋成血色。

武士深吸一口气，微微抬头，望向北方，一行泪水滑下脸庞。

靖康年间，是大宋最屈辱的时候，徽、钦二帝被金人俘虏，包括皇后、嫔妃、皇子、公主等皇室成员和机要大臣，更包含宫廷女官、乐师、厨师，一股脑儿被掳到北方。宋徽宗第九子康王赵构，成为侥幸躲过这场劫难的宗室，在大臣拥戴下在南京应天府（今河南商丘）登基，后以临安（今杭州）为行在，恢复宋国号，史称南宋。

就是在这风雨飘摇的时节，一名婴儿在平江府治长洲（今江苏苏州）呱呱坠地，其父太学博士周利建甚为欣喜，按照排行，给他取了"必大"的名字。

## 临安城漾沙坑七官宅[①]
### 南宋绍兴二十六年（1156）

这里东靠吴山，西望西湖，沿山势而造，可以仰望城隍庙，可以移步出清波门游览西湖，端的是一个好地方。所以这里也自然成为官宅集聚之地，邻里多为朝中官员。

周必大静坐在自家宅院中，心中略有惆怅，今年他三十有一，已过而立之年。他绍兴二十一年（1151）就擢进士第，授左迪功郎，但是到现在，还只是一个临安城惠民合剂局的门官，可谓仕途不顺。

有时候，周必大都怀疑自己的命格为何如此凄惨。自己刚出生没几年，父亲周利建就英年早逝，家道中落；幸亏有一个知书达理的母亲，归了外家后，在母亲督促下，刻苦从学，先后师从梁充道、李珙、陈持、陆圣修等多名饱学乡儒。

绍兴八年（1138），年仅十三岁的周必大又失去了母亲，只好随侍伯父周利见，其间兄长平叟、幼妹吉孙均早夭，只有一个伯姊嫁了尚家，身边嫡系亲人只剩下一个弟弟周必强。

唯一欣喜的是正月麟儿诞生，按照排行，取了一个

[①] 今杭州四宜路一带。

第四章 洪道贤相行事功

周必大像

"纶"做名。

"官人，为何枯坐？"轻声糯语，一只细嫩的手轻轻搭在周必大肩上。

周必大知道是妻子王氏，也不回头，伸手搭住妻子的手，温声道："纶儿睡着了？"

"已经睡下。"

"我是在想，而立之年，一事无成，真是对不起你们母子。"周必大苦笑一下。

"官人何出此言？奴家认得的官人自小聪慧，熟读经书，心中一直怀揣经世致用、建功立业的大志。奴家还记得，官人醉酒之后作了一首诗：方讶顽阴蔽月堂，坐看凉吹动枯肠。疾驱云阵千重翳，尽放冰轮万丈光……"

"莫问蚌珠圆合浦，且听羯鼓打西凉。疏狂似我何须挠，挠取吹笙玉雪郎！"周必大接下来轻轻念完，这是他绍兴二十四年（1154）所作的《和仲宁中秋赴饮庄宅》，当时略饮了些酒，难免狂放一点，但却是内心真实写照，难得王氏还能铭记在心。

"娘子……"周必大颇为感动，不禁轻唤了一声，一时间二人相对不语。

还没等周必大再说什么，眼角处突然看见北邻王运属家冒出了火光，此时为季夏六月，天气干燥闷热，很快便火势冲天，紧接着风势卷着火势窜向四邻。

周必大大叫一声不好，连忙扯着王氏，冲进屋中，抱起幼儿，来不及收拾细软，慌慌张张就往清波门外跑去。

古清波门遗址

宋朝的房屋多为砖木结构，并不避火，眨眼之间，周必大寓居的官宅就被卷入了一片火海。

此时的周必大还不知道，正是这场火，改变了他的命运！

临安知府韩仲通颇为头疼，一场失火事故，按照现场勘查其实并不复杂，火势起自王运属家，原因也很明白，王运属设宴请客，饮酒过多，如厕时，身边侍女忙着照顾烂醉如泥的王大官人，忘记插在茅房的火把，导致火灾。

问题是，他不能这么判呀！

王运属何人？当朝监察御史冯舜韶的妻弟，如果将其查办，以后自己还能有什么好日子？

考虑到这层原因，韩知府只能揣着明白装糊涂，将失火的数十家主家一律收押，反复拷问，看看哪个人吃不住，认了这个罪名。

只是韩知府怎么也没想到，才几天工夫，一个周姓小官就送上门来。

"周必大，周子充？"韩仲通上下打量这个年轻人。

长得倒是周正，特别是一双眼睛，非常有神，鼻梁挺拔，看上去就有一股子英气，是绍兴二十一年的进士，虽然现在仕途不顺，但也算是有功名的人。

"我周必大就是本案嫌犯，与其他人无关。"周必大道。

周必大从狱吏处早已得知，官员之过，不过罢官贬作平民，如果自己不站出来，迟早有人因失火之事而死，还不如将失火的责任揽上身来。

韩仲通是了解情况的人，他也心知周必大是冤枉的，但是此事……

"应该算最好的结果了吧。"韩仲通心中如此说。他不想得罪冯舜韶，但也不全是那种冷血无情的官吏，毕竟有人需要为此丧命。而周必大顶罪，不过罢官了事，虽害这年轻人丢了仕途，但就结果而言，还是可以接受的。

"甚好，本官会酌情处理！"想通此环节以后，韩仲通心中大为顺畅，也打算不再为难一干百姓。

几日后。

"周必大系现任官员，不能谨防火烛，致使失火延烧邻里居民，按照大宋刑律，理应惩戒，有旨罢官放归。"

"官人，你为何自诬？"

"自诬之事，我也思虑甚久。这事明显官员互庇，如果我不出来，只怕会屈陷一小民，按宋律，小民纵火，那是要问斩的。我何必留恋自己这一身官袍，能换一人性命，何等善事。"

"就是真正枉法之徒逍遥法外，委屈了官人……"

"娘子，是非曲直自有公断，何必太过在乎！想我自小凄苦，靖康之后，流离各地，若不是母亲对我严加管教，何来今日？我虽不崇道学，不过二程先生[①]所指天理，我亦认之。"

[①] 指程颢、程颐兄弟，世称二程。

"官人说的奴家也听不明白,就是往后该当如何?"

"这……娘子,这可问倒我了,想如今,在京城里已无立锥之地,只能去投奔泰山大人了。"周必大抓抓脑袋,一时间也没好的主意,只好厚颜道。

王氏扑哧一笑,此时的周必大,才是她心中的官人。

也亏着一把火,没什么细软要带,周必大一家马上启程赶往广德军(今属安徽),投奔当父母官的岳父王葆。

这里有个小典故。周必大岳父王葆在前一晚上,梦见自家将有宰相前来拜访,命童子把庭院中的积雪打扫一下,以迎接贵宾。哪知左等右等,却迎来了周必大。

冥冥中也确实有天意,周必大很快就迎来了他的机会。

宋神宗后,科举重经义、策论,学子文章水平均有降低,朝廷明显感受到,起草诏、诰、章、表等应用文书缺乏相应的人才,在绍兴三年(1133)置博学宏辞科,以选拔能文之士。

由于博学宏辞科注重华美的文辞,而明经科长于经术,所以明经出身的应宏辞科者甚少。同样,科考难度也极高,一个要考渊博精深的学识,第二个要考优美恢宏的文辞。

李商隐《与陶进士书》说:

> 夫所谓博学宏辞者,岂容易哉?天地之灾变尽解矣,人事之兴废尽究矣,皇王之道尽识矣,圣贤之文

尽知矣，而又下及虫豸、草木、鬼神、精魅，一物已上，莫不开会。此其可以当博学宏辞者邪？恐犹未也。设他日或朝廷或持权衡大臣宰相问一事、诘一物，小若毛甲，而时脱有尽不能知者，则号博学宏辞者，当有罪矣。（《樊南文集》）

但这个，对于周必大来说，却颇为符合。李壁《周文忠公行状》云："敏慧夙成，刻苦自砺，出语缀文，见者惊异。"由此可以看出，周必大从小就记忆力惊人，文采飞扬。

在岳父王葆的鼓励下，周必大重新开始了备考，并于绍兴二十七年（1157）高中博学宏辞科，差充建康府府学教授，循左修职郎。

对于周必大的文辞，当时的枢密院上位著作郎周茂振所拟制词中云："今试于春官者数十辈，而尔以粹文独与斯选。拔尤若此，升秩匪褒。姑游泮宫，以俟甄擢。"

这里要指出的是，这位周茂振和周必大还有点渊源，当年七官宅火灾，周茂振家就是其中一户，两人并不相识，但是因缘就是如此玄妙。

绍兴三十年（1160），召试馆职，周必大在策论中提出："今欲惰兵去，冗吏省，常赋充，此政事之当修者也。……盖亦激厉我将帅，甄别我人材，均节我财用，毋为戎首，以尽夫自治之道。"

其策受到高宗赞誉，谓他日可掌制，为周必大未来走上馆臣之路，直到掌相权打下了基础！

# 临安城百官宅
## 绍兴三十二年（1162）

《乾道临安志》卷一《府第》记载："百官宅，在石灰桥。"清人朱彭考证："相传在枣木巷，其地有桥名石灰，后因石湖寓此，亦名石湖桥，在今钱塘门驻防营内。"（朱彭：《南宋古迹考》卷下《寓居考》）

再据丁丙的《武林坊巷志·东西坊一》记载，枣木巷即后来的嘉树巷，其地在今天杭州市第一人民医院稍偏北，具体位置已不可考。

此地也算闹市，南宋时期百官云集，许多官员寓居于此，离大内稍远，约十里地，所以在此地上朝比较辛苦，需要提早一个多时辰出发。

周必大也寓居于此，而此时的邻居，是后世大大有名的陆游陆务观。

"自卜河桥宅，清谈喜屡陪。"这是陆游诗《玉牒所迎驾望见周洪道舍人》，可见两人交往甚密。

都是文人，两人时常约馆阁同僚唱和，如程大昌、刘韶美、林黄中等人，留下不少诗篇，已经成为百官宅

范成大像

的一个著名活动。

不过今日,周必大特别高兴,他阔别已久的友人范成大,离开历仕长达六七年的徽州,调任行在临安,入监太平惠民和剂局。

范成大与周必大一样,都生于靖康元年(1126),正逢金人入侵,两人在襁褓之中都随家南迁,父母均早亡,身世坎坷。

更重要的是,范成大受恩于周必大岳父王葆,当年王葆勉励他:"子之先君,期尔禄仕,志可违乎?"

后来,范成大在绍兴二十四年(1154)登进士第,可以说王葆起了关键作用。

所以二人交往甚密。这次能够在临安相会，自然是异常高兴。

"务观兄，今日要介绍一个友人给你！"周必大算着时辰，对陆游道。

陆游身形修长，蓄着长须，穿着儒生长衫，腰间不同他人，配着一柄长剑。

陆游此时懒散地躺在榻上，抿着一口都城一色上等的高酒，听闻周必大言语，扬眉道："哦，子充如此高兴，这个友人倒是要见见。"

话音刚落，一个浓眉大眼，脸形硬朗的儒生就走了进来，周必大一见，喜上眉梢，连忙迎上。

陆游像

"来来，这是陆游陆务观，这是范成大范致能。我和致能是同年生，他还长我两个月，我们相识已久！"

周必大向陆游介绍范成大。陆游是一个洒脱的人，并不会太过客套，只向范成大点头示意。

其实三人年龄差不多，陆游是宣和七年十月（1125年11月）出生，仅比周必大、范成大长了半岁，可谓同龄人。

而且三人的学识也相近，范成大和陆游都位列后世所称的南宋"中兴四大诗人"之中。

即便是初次见面，也很快热络了起来。

此时，是二三月份，临安城中已经桃花盛开。从周必大寓所望出去，紧邻着石灰桥两边，就有几株桃花开着，春风拂过，散来阵阵香味，片片粉红压在清水之上，分外惹眼，让人心情舒畅。

"今日难得，不如我们做一个桃花唱和，以家为韵如何？"饮酒少许后，周必大起了兴致，提议道。

立时引来陆、范二人应和。

"以红碧二色桃花送务观：碧云欲合带红霞，知是秦人洞里花。俗眼只应窥燕麦，不如送与谪仙家。"

吟得兴起，周必大出去轻折了一支桃花，准备送给陆游。

范成大这时就有点不开心，觉得周必大太重视陆游了，酝酿了一下，和诗道："碧城香雾赤城霞，染出刘郎未见花。凭仗天风扶绛节，为招萼绿过羊家。"

此处用的刘晨、萼绿华的典故，以花比拟仙女，以自己为刘晨、羊权，分明是求花之意。

周必大何等聪明，自然是闻弦歌而知雅意，次韵道："翰墨场中蔡少霞，如今悟彻颂桃花。看朱成碧吾方眩，试把横枝问作家！"

顺路将桃花塞给了范成大。

陆游鼓掌，道："洪道，今日高兴，给你们做一道甜羹！"

陆游是大诗人，也是大美食家，烹饪技术特别好，这道羹的素材早让周必大备着，用菘菜、山药、山芋、莱菔混合在一起，细碎后煮烹，做成甜羹。

看着美景，享用美食，三人不约而同思索起国家大事。

三人都是在宋最动荡的时候出生的，从小经历了宋国破家亡、偏安一隅的过程，特别是陆游，思想是三人中最激进的；范成大性格刚硬但处事平和；而周必大更是做事沉稳，性子也是三人中最谨慎的一个。

陆游祖父陆佃，是王安石门下弟子，一生服膺王安石，陆游自然受家庭影响。

"当今朝廷，就是坏在元祐旧党，还有冒充王文公政见的一批小人身上。"陆游一直认为大宋凋零，就是因为不能坚持王安石变法，导致冗兵、冗官、冗费不能解决，才有靖康之变，国朝大耻。

"务观兄，此言差矣。王文公用心太过，又不能博询众谋，若不是文忠公（欧阳修），只怕……"周必大深受江西儒学的影响，江西派强调"外王"，注重事功，讲究经世致用，变法失败就是失败了，就应该寻找新的方式，而不是老纠结在过去的事上。

"哦，子充有何高见？"陆游扬起了眉毛，已经摆出了进攻者的姿态。

周必大性格中的刚毅之处在这个时候就显示出来了。"我以为，当今朝廷不在于变法，而在于内修政治，外固疆土；上收人才，下裕百姓；选良将，练精卒，备器械，积资粮！"

"此乃表尔，不动根本，不做变法，就算十年，一帮庸吏又会贪蚀一空，前功尽弃。"陆游嗤之以鼻。

"不，立政图事，人才为急，只要能因材施用，杂举中外文武之才，不限员数，不拘资序，区分所能，自然可以。"

"法本无弊，推而行之非其人，弊则随之。"陆游就是讨厌这些事功派，但又不得不承认，他们就事论事，耿直能行，也算大宋朝廷的一股清流，比起那些酸腐的元祐旧党好了不知道多少倍。

但陆游依旧愤愤不平，这些事功派就是不知道从根本入手，老是头痛医头，脚痛医脚。

"荐举连坐，广开台谏！"周必大眼睛一亮，早有腹案。

罢了，投降吧，不得不佩服这些事功派，总是能找到方法，最可怕的是，这些人执行有力，还真能把一些不可能化为可能。陆游暗想。

陆游收起了轻蔑心态，微微坐直，准备今天好好和这个周子充辩辩！

范成大默不言语，内心只是苦笑。陆游师从曾几，周必大师从胡铨，曾几、胡铨都是胡安国的弟子，而胡安国又师从二程弟子杨时，按辈分来说，这两个人都是二程的四传弟子，现在争得起劲，又有何意义。

不过范成大性子刚硬，不代表没脑子，这种学术之争，本无对错，自己何必出这个头。想到此处，范成大就缩了脑袋，顺便挪了一下位置，让自己能够舒服地看见外面的桃花，呷了一口酒，不禁半眯起眼睛，整个人都舒展开来。

正如范成大预料，这种学术之争，政见相左的辩论并不会有太多的结果，周必大和陆游两人争辩了半天，谁也说服不了谁，只能作罢。

南宋社会是非常开放的，有海纳百川、兼容并蓄的风气。这个也同大环境有关，北方压力太大，如果不能开民智，共求发展，朝廷颠覆只怕旦夕之间。

这也就造成了南宋文风鼎盛的局面，一个宅院里能出一个文坛领袖、两个中兴四大家。

"子充，听你说这临安风景如画，四周到处是景，不若带我去转转。"范成大看两人也辩不下去了，估算了一下火候，瞅准时机道。

周必大眼睛一亮，他喜欢游历，早把临安四周的景点踏了一个遍，难得范成大来临安，确实应该带他到处转转。

"务观兄一起？"

"甚好！"陆游不是小气的人，政见不同不代表不能成为好友，自然不会推却。

周必大这就带着二人出了临安城的暗门，爬上附近风篁岭，这一路也是一顿好走，还翻到龙井那边，到寿圣寺，拜祭赵清献公、苏轼苏翰林和辩才大师的画像，寺中还有一株海棠，据说是苏轼当年亲手种下的。

这三人被称为"龙井三贤"，特别是辩才大师，是龙井茶的鼻祖，而且一生潜心修行，兼通禅律，元祐年间的诸公多受道于他。

其后几日，三人还去了长耳相院、六通院，拜访了

风篁岭

水乐洞

邓氏时思庵，寻访了水乐洞。水乐洞位于烟霞岭上，洞深十二丈，洞口有清泉流出，音声如琴，音色天成，十分悦耳。

结伴出游，是南宋馆臣生活的情趣，还多有联句为戏，陆游一生作诗万首，很多与杭州有关，多半缘于游览杭州美景留下的美好印象。

五月，周必大任监察御史，六月，宋高宗赵构退位，皇太子赵昚继位，是为宋孝宗；七月，孝宗下诏为抗金名将岳飞平反，追复岳飞原官爵，改葬于栖霞岭下；八月，周必大任起居郎，直前奏事。

"择儒学为馆职，由馆职择侍从，由侍从择辅相。"（《朱公松神道碑》）

此后周必大就慢慢走上出阁入相的道路，但是对于他来说，绍兴三十二年（1162）的那段悠闲时光，却是毕生难忘。

# 临安城和宁门①
## 淳熙四年（1177）

周必大站在雄伟的和宁门外，一时感悟，不知道怎么表达自己的心情，从隆兴元年（1163）因反对官家宠信近臣，奉祠归乡后，赋闲八年，每日过着闲云野鹤的生活。

但是他不甘心，特别是胡铨对他的影响，让他还是怀揣着一心报国的想法。

乾道六年（1170）起复后，还是因为反对近幸而导致恩宠中断，在乾道八年（1172）归吉。

这十几年，周必大意气风发、刚正不阿，但现在想想，政治上确不成熟，数次奉祠，并不能改变近幸乱政的局面，自己求得内心平静，却对大宋没有半点好处。

"在其位，谋其政。"周必大默念了几句，心中不停告诫自己，不能再因为个人好恶，放弃对大宋的政治责任。

再抬头看看天，天尚未放亮，时辰尚早。

和宁门外还是保留了"待漏院"，可以让大臣们先

---
① 今杭州万松岭路和凤凰山脚交叉口。

歇息片刻，院门口也有不少小贩在兜售各种吃食，在昏暗天色下，一盏盏明黄小灯在摊前摇曳，夹杂着香气，俨然是热闹早市。

此时已近冬日，天气微寒，周必大摸了摸自己的肚子，还是决定先搞点吃食，暖暖身子。

周必大今年已经五十二岁，自然要注意养生，如往常一般，他点了一份"定胜糕"。这定胜糕是米粉与红豆沙蒸制而成，入口比较松软，带有甜甜豆沙味，充饥耐饿。

咽下最后一口定胜糕，和宁门便在一阵吱呀声中被缓缓打开，一群内侍打着灯笼小步而出，前来迎接朝臣。

周必大深吸了一口气，缓步向前。

"周翰林。"突然一个熟悉的声音响起。

定胜糕

周必大寻声看去，就看见一个身穿紫色圆领大袖，腰间束以革带，佩着金饰鱼袋的男子正微笑看着他，正是范成大！

"致能！"周必大略有惊喜，快步走到他身边。

"什么时候来京的？"

"刚到，五月二十九离开成都的，岷江入长江，过三峡，写了不少东西，准备取杜子美'门泊东吴万里船'意，整理一部《吴船录》出来。"范成大虽然权任礼部尚书，但是对着自己多年好友，还是谈论着他们最感兴趣的文学。

"甚好，听闻成都时，陆务观在你帐下？"

"别提了，淳熙二年（1175）我任四川制置使，举荐务观为锦城参议，结果被人举告务观不拘礼法，燕饮颓放。我也知道，是朝中主和派看不惯他一心北伐，刻意诋毁，但是……只好将其免职……"范成大一阵感叹。

"那他现在何处？"

"现在主管台州桐柏山崇道观，以祠禄养家糊口。对了，他给自己取了一个号：放翁。"

"颓放、狂放……放翁，陆务观还是这么洒脱！"周必大不禁轻笑一下。

"他还是忧心国事。这次我回京，他还恳请我劝劝官家，先取关中次河北，早为神州清虏尘。"范成大苦笑道。

周必大看出范成大的心思，知道他只能寻机禀告官家，绝对不会刻意上书。

再仔细看看，范成大已经两鬓斑白，眼角鱼纹显现……是呀，他们再也不是十四年前，对诗放歌百官宅、携手征服风篁岭、探秘深入水乐洞的时候了。

他们，已经是知天命的年纪了。

言语间，二人来到了大庆殿前，巍峨的宫殿代表了皇室尊严，二人也就分开列班，屏息开始等候早朝。

早朝之后，周必大本想拉着范成大叙叙旧，不料有敕使寻来。

"选德殿？"

"是的，周翰林，陛下宣你至选德殿。"敕使低声道。

周必大拉着敕使走了几步："大官，圣上可有何说法？"

敕使眯着眼道："周翰林，圣上恩宠，传了话：记文词采赡蔚，今初立石，召卿观览。"

周必大料想不是坏事，整理了一下衣冠，就往选德殿而去。

《咸淳临安志》录周必大《选德殿记》："独辟殿于禁垣之东，名之曰选德……午时入东华门，过选德殿，其后即毬场也，相对有大堂曰水堂，其左为芙蓉阁，右为凌虚阁。"

在敕使的引导下，周必大来到选德殿，圣上早已在那，穿着绛色纱袍、蔽膝、方心曲领，还是朝服打扮。

圣上赵昚比周必大还小了一岁，他是太祖苗裔，年轻时就发誓要振兴大宋，颇有豪情壮志。唯一的问题就是喜欢近幸，换个角度来看，这位皇帝陛下也更有人情味。

常年的保养，让赵昚看上去还是很年轻，原本还锋芒毕露，但是隆兴北伐失败后，内外政策就趋于平稳，有偏安打算，整个人看上去温和了很多。

"陛下。"周必大躬身道。

"爱卿，今日又宣你奏对了。"赵昚对周必大还是满意的，至少周必大不会阿谀奉承，为人也正直可靠。原先太过刚直，淳熙年以来，性子上和顺了很多，可堪大用。

"陛下请讲。"

"前阵子，长江两岸久旱不雨，爱卿请议，免去灾情严重地方的赋税，用国库补贴，此事甚好。不过，最近长江、淮河久雨不止，洪水泛滥，国库有限，难以救济，爱卿有何高见？"

周必大皱眉，仔细思考后道："此事需朝堂上下同心协力，共渡难关。特别是后宫，需要减少开支，作为表率，各级官府衙门自然仿效，节余款项均可救灾。"

赵昚低头思考了一下，道："爱卿此议甚好，朕准了，爱卿可以去列个条陈。"

周必大心中叫苦，这种事情，一旦做了，只怕要把后宫嫔妃得罪完了。

"在其位，谋其政。"心中默念。周必大躬身道："遵旨。"

赵昚看着周必大，脸色更为柔缓，吩咐敕使拿来一轴书卷。

"这是白居易白文公的《七德舞》《七德歌》一轴，是朕亲书的，赐给爱卿了。"

周必大接过后，双手略有颤抖，内心一时惊骇，皇帝所为均有深意，这首词讲的是白居易看七德舞，听七德歌，舞蹈和歌曲讲的是唐朝太宗皇帝为何能平定乱世，建立功业。

但是白居易了解乐曲含义，这里面讲的最大的道理就是太宗皇帝能够与人推心置腹，安葬阵亡将士遗骸、赎回老百姓的子女、良臣去世亲自治丧。正是有这样的胸怀、态度，太宗皇帝才能够做出如此的伟业。

送这卷轴，代表着皇帝希望能与周必大推心置腹，重任相托，也希望君臣合力，更建伟业。

"陛下天恩，臣肝脑涂地。"

"觌是朕的旧人，朕心中有数，爱卿不用和他一般见识。"

周必大略略迟疑，这曾觌是陛下建王时的内知客，深受宠信，说这个人有问题吧，也不过是趋奉宫廷，喜欢写些柔媚的词罢了。

因为此人，周必大已经多次请辞，也是希望陛下不受近幸影响，能够专心朝事。

如果和曾觌一般见识，那就有点自污了，一帮清流只怕要指着自己脊梁骂了。

周必大望了望手中的御书，想了想自己的抱负。

"在其位，谋其政。"声音再次响起。

"遵旨！"周必大微微躬下身，代表了他政治上终于成熟。

十二月，周必大除礼部侍郎，兼翰林学士。

淳熙六年（1179），宋孝宗加曾觌少保、醴泉观使，周必大草制，有"敬故在尊贤之上"之语，朝野震动，士论认为周必大阿谀奉承，颇为惋惜。

周必大虽知，并不作声，倒是撰写了《文鉴序》，阐发了关于理气的文学见解。

十月，封开国伯。十一月，除吏部尚书，兼翰林学士承旨。

从此走上了仕途显达的关键时期！

# 临安城德寿宫①
# 淳熙十四年十月（1187年11月）

太上皇赵构驾崩，享年八十一岁。已经贵为右丞相的周必大，参与了谥号和庙号的商议，最后定下了谥号"受命中兴全功至德圣神武文昭仁宪孝皇帝"，庙号"高宗"。

不过今日，周必大被诏宣到宣德宫，却非为高宗皇帝。

周必大在淳熙九年（1182）除知枢密院事，淳熙十一年（1184）除枢密使，《谥诰》云："在枢管五年，如增山阳江陵之戍，遴选边方之帅守，创行内外诸军点试之法，申严民兵万弩手之教阅，抑未尝一日少弛武备也。"

由于周必大的出色工作，北方强邻不敢轻易南下狩边。到淳熙十四年（1187）二月周必大官拜右丞相。《行状》云："即正宰席，以身任天下之重，进尽忠益，退省阙遗，辅赞弥缝，靡不用其极。"

《神道碑》云："求其相为始终，全德备福，未有如周文忠公者。"

可以说，现在的周必大，在圣上恩宠方面，朝中已

① 今杭州望江路北侧一带。

经有凌驾左丞相王淮之上的趋势。

这次诏宣，主要是为了金使。

宋金两国和平之时，一般会在新年和双方皇帝生日期间，派遣贺正旦使及贺生辰使互致问候。使节入境，对方须派人接送，称为接送伴使。使节入住驿馆，则要换人陪同，称为馆伴使。

圣上的生日就在十月，称作会庆节，金朝已经派遣了贺会庆节使，且已经下榻临安。

按照惯例，圣上要接见该使节，并接受国书。

但是这次圣上的意思，却是：

不见！

周必大心里很清楚这个事情的来龙去脉。

淳熙十一年（1184）十一月金朝皇帝巡幸上京（今黑龙江阿城），以地远天寒的理由"权止"宋使次年的朝贺。

按照周必大的理解，金朝已经懒得在表面文章上惺惺作态，而对于岁币的索要，金朝是一点都没有松口。

为此，周必大还专门起草了《论权止贺正人使奏》，其中写道："臣等商量，欲就淮南监司及兵官中选定接伴使副，计期量遣国信所合干人三两名往彼伺候，余人皆可充代。设或彼来，固已有备。若其不至，亦无所损。"

这个是周必大已经揣摩到圣上的微妙心思，希望达

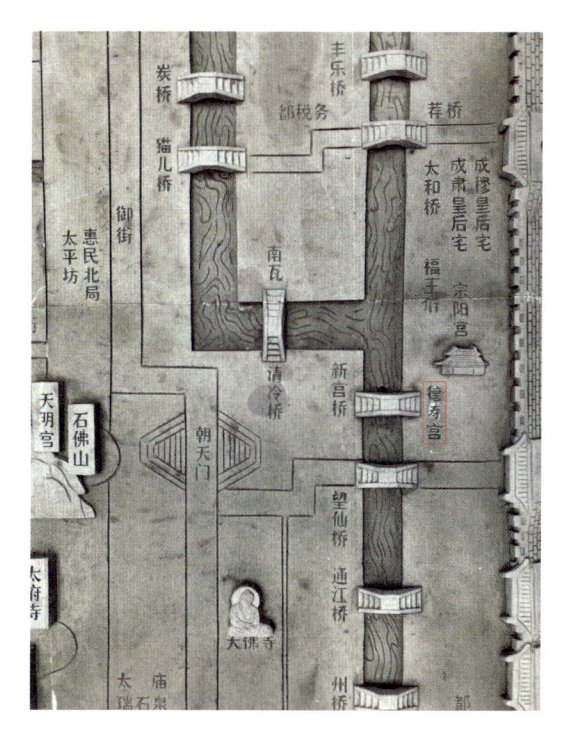

《南宋皇城图》雕刻上可见"德寿宫"位置

成国礼的对等，用同样的理由也"权止"金使来贺。同时为了避免金朝不肯接受，又转备了淮南选派，作为预备。

而在淳熙十二年（1185）十二月，金朝还是遣使贺正旦，显然没有把宋朝的想法放在眼里。

周必大与当今圣上已经相处很多年了，他太清楚这位皇帝陛下的内心，还是希望能够恢复汉唐威仪，也一直励精图治。

金朝强大，但是已经不敢小觑宋朝，近几年来，明显降低了狩边频次，渐渐以勒索岁币为主，事实上放弃了南下吞并宋朝的打算。

而宋朝也渐渐恢复元气，江南一带更是热闹非常，但也带来了人心思于安定，北伐之声渐渐消停。

如此情况下，圣上考虑的就是如何恢复对等地位，再慢慢图之。

但是……这岂是短期内能够达成的？

周必大内心略略叹气，思虑间已经来到了德寿宫内。

据《武林旧事》记载，德寿宫内凿有大龙池，引水注之，名曰小西湖；有人工垒石为万寿山，像飞来峰；另有楼阁名聚远楼，取自苏东坡"赖有高楼能聚远，一时收拾与闲人"的诗句；又有香远堂、清深堂、松菊三径、梅坡、月榭、芙蓉冈、浣溪等，堪称当时园林之最。

此地原系秦桧旧宅，秦桧亡故后收归官有，改筑新宫。

"周相。"敕使早早等候，"陛下在四面亭。"

"好。"周必大点头。

宋徽宗赵佶《芙蓉锦鸡图》（局部）。故宫博物院藏

四面亭修筑在小西湖中，进宫后，沿着垂杨夹道的御道，要走少许时候，旁边种满了芙蓉花，用朱色的栏杆与御道相隔。

徽宗喜欢芙蓉，还专门做了一幅《芙蓉锦鸡图》，又喜欢石头，搞出了"花石纲"，引得民怨沸腾。高宗皇帝显然继承了徽宗的艺术趣味，这德寿宫内，就有一丛色泽苍润的假山石，玲珑剔透，如团如抱，恰似一朵盛开的木芙蓉。

赵昚早早坐在四面亭中，身上穿着素缟的丧服，因为天气有点冷，外面还披着白色披风。

"爱卿。"赵昚看见周必大，微微笑道。

"陛下。"周必大躬身道，然后找了一处石凳，坐了下来。

赵昚并没有第一时间让周必大奏对，而是盯着远处尚未开放的梅花，道："淳熙五年的时候，先帝与朕在此赏梅，先帝与朕说这苔梅，说宜兴张公洞者苔藓甚厚，花极香。一种出越上，苔如绿丝，长尺余。今岁两种同时着花，不可不少留一观。"

说到此处，赵昚神色有点黯然，接着道："先帝极仁厚，其实更喜欢风雅……他不忍生灵涂炭，一味求和……但，北边的心是填不满的。"

"陛下……"周必大一时无言。

"爱卿，朕知道，若是先帝尚在，也一定劝朕隐忍为重。先帝是真怕了，不想再起干戈……可是朕觉得，人若没了血性，那是一定会被人踩在脚下。"

周必大抬头看了一下赵眘，却看见他神色异常和缓，但是眼中透出极为激亢的神采，虽有高宗驾崩的哀伤，但整体给人的感觉就是，他放下了什么。

赵眘是一个极孝顺的人。登基前，送高宗回宫，曾被雨淋得满头都是。登基后一直对高宗感激不已，经常亲自看望高宗。他尊重高宗的意愿，一直克制自己的豪情壮志。

如今高宗驾崩，只怕是圣上最后任性一把。

周必大突然明白了圣上的想法，低头道："金正使田彦皋，与范致能相熟，致能使金时，彦皋言指所戴蹋鸱有愧色。"

"辛苦爱卿了。"赵眘神色柔和，知道周必大已经有所应对。

《思陵录》记载："庚寅（十月二十三日）三省密院同呈毕，王相（即王淮）又及使人引见事。上曰：'不须理会，明日行。'入局。是晚微雪，馆伴奏北使来早行。上径批依。……辛卯（十月二十四日）……是日人使出门至赤岸，不待来日受赐，径解维去。"

淳熙十五年（1188）九月，周必大明堂大礼，充大礼使，进封济国公。淳熙十六年正月己亥，拜左丞相。

这是多少宦海沉浮的士大夫可望而不可即的政治高度。

# 附记

纵观周必大的一生，可以说是经世致用，讲究事功的一生。他博闻熟记历史，垂训鉴戒，又不乏灵活变通。他崇尚功利，以培养对社会有实际作为的人才为宗旨，强调实践、主张富国强兵。

可以说，周必大在历史上的作用非同小可，特别是他很多成熟的政治思路完全可以为当下所借鉴。

# 参考文献

姜青青：《风在坊间云在巷——南宋京城临安地名故事》，《杭州文史小丛书》第2辑，杭州出版社，2017年。

严可均：《全宋文》。

〔宋〕周必大：《文忠集》，文渊阁四库全书本。

〔宋〕周纶：《周益国文忠公年谱》，文渊阁四库全书本。

〔宋〕陆游：《陆游集·渭南文集》卷三八《监丞周公墓志铭》，中华书局，1976年。

〔元〕脱脱等：《宋史·周必大传》，中华书局标点本，1977年。

## 第五章 冷面城隍护杭城

## 金陵金川门[①]
## 明建文四年（1402）六月十三

谷王朱橞、李景隆匍匐在地上，不敢抬头，身后同样匍匐的是守卫金川门的士兵们，而本来应该抵抗敌人的大门，洞开着，丝毫没有半点防备的意思。

最先涌入金川门的是扛着旗帜的先锋锐士，一杆杆大旗通过金川门后又被扬了起来，猎猎作响，上面绣着"奉天靖难"四个刺眼大字。紧跟其后的是燕王府的御前大汉将军，全身披甲，明军备甲向来"北重南轻"，燕军更是，身荷扎甲战裙，铁臂手，重八十斤，可谓全身包铁。

再后面就是单骑而入的朱棣，大明的燕王，政权的争夺者。

朱棣在金川门停留了片刻，突然道："着火了呀！"

朱橞和李景隆愕然抬头，这才发现，金陵的皇宫，燃起了熊熊大火，也预示着当今的天子，太祖的长孙朱允炆事实上放弃了抵抗。历时三年的血腥战争，终于落下帷幕。

当旁人还在错愕的时候，朱棣已经下达了指令，全

[①] 位于南京城西北面。

周城隍周新。
引自《西湖拾遗》

面接管这座大明皇朝的都城。

在安排好以后，朱棣突然道："新，随我进宫。"

从一干侍从中出列一名矮小的汉子，有点书卷气，但是脸色黝黑，一看就是岭南人士，在一众北人大汉中，显得特别扎眼。

"此人是谁？"

"听闻是广东南海人，初名周志新，字日新，燕王常独呼他'新'，遂叫周新了。"

"为何圣眷恩宠？"

"不知,不过听说他乃大理寺评事,素来善判疑案。"

"哦……"

一干人了然,怕是进宫去看看建文帝生死,充当刑捕侦探,当下也不再议论。他们都是罪臣,是皇朝变更中站错队的一拨,此时应该谨言慎行,低头等待便是。

周新并不知道一众建文旧臣的私下议论,他知道,朱棣敬重他的为人,也喜欢他的才干,但是最喜欢的是他明事理,从不乱嚼舌根。此时,大势已定,进皇宫,更多的是走一下过场,只怕这位燕王又有什么心里话,想叙说一番,又不想别人听见。

内宫的火焰很快被军士扑灭了,在湿漉漉的御道两旁跪满了瑟瑟发抖的宫人,空气中弥漫着一股焦臭味道。

周新很容易分辨出里面夹杂的烤肉气息。

一干人停在了被焚毁的大殿前,朱棣屏退了左右,独带着周新走进了满是炭黑的殿内。

周新一眼就能看见坐在御座上的那具尸体,从尸骸的残存部分能够清晰了解死者身前模样。

朱棣转头问:"新,我这侄儿可有受苦?"

周新上前了两步,仔细端详了一下道:"在被火灼烧前,已经吸入太多烟尘窒息而死。右手略有弯曲,明显是想抠自己喉咙,但是整个尸身硬直,多半是强忍痛苦,想保留最后尊严。"

沉默……

好半晌，朱棣才道："傻小子，何苦如此！"

周新低下头，他心里清楚，此时的朱棣内心特别复杂，很快，他就要发表自己的看法。

"新，我这个侄儿是个好人……"朱棣叹气道。

周新并不回话，只是屏息等后续的话。

"他其实做得没错，大明的藩王势力太大了，削藩，换成我也是要做的，可是，这个傻小子却那么优柔寡断，一点都不像为君者。"

周新知道，朱棣所指，是建文元年（1399），监察御史曾凤韶弹劾其不敬，户部侍郎卓敬也密奏，以燕王"智虑绝人"，建议将他徙封至南昌，但都被朱允炆以"骨肉至亲"，婉言拒绝。

而在靖难之役中，因为有建文帝"毋使朕有杀叔父名"的旨意，南军将士惧怕秋后算账，不敢伤害朱棣，让朱棣恃此特权，单骑殿后，南军无可奈何。

"为君者，是要担责任的，如果责任都不敢担起来，如何让属下们倾心卖力，勇于争先？这一点，我这傻侄儿一点都不像先帝，当年小明王之事……"朱棣捺住了自己的评论，对于先帝，朱棣从内心是惧怕的。

周新越发不敢言语，当年反元起义，韩山童是带头大哥，不幸战死后，其子韩林儿被迎为帝，称小明王。元至正二十六年（1366），朱元璋遣廖永忠迎接韩林儿返回应天府，途经瓜洲时，韩林儿莫名沉入江中淹死。

洪武八年（1375）廖永忠被朱元璋以僭用龙凤之事赐死，可遥想当年，先帝朱元璋可是将"功超群将，智迈雄师"八字的漆牌赐予他，悬于家门之外，一路升到中书平章政事，可谓圣恩隆厚。

这档子旧事，今日从燕王处听到，那真是有点格外惊悚，内中的含义颇让人寻味。

周新甚至能感受到朱棣的眼光在上下扫视他，不过周新是一个性子坚毅的人，脸上是一副听不懂的表情。

朱棣停了半晌，突然道："新，你很好，如今天下平定，还是需要你这样的人，清肃朝政，未来要到地方恢复吏治，你做好准备吧。"

周新连忙躬下身，做了揖手礼："臣遵旨！"

同时表达了对燕王朱棣成为大明王朝事实上的统治者的最大尊重。

不久之后，周新任监察御史，并进一步为调任浙江按察使做好了准备。

# 苏州府刘家港
## 明永乐三年（1405）六月十五

锣鼓喧天，鞭炮齐放，人山人海。

在港口，无数"巨兽"漂浮着，这些是大明最大的骄傲，长四十四丈、宽十八丈的宝船。

一名白净的宦臣拱手告别了欢送的官员和百姓，就登上了靠在岸边的小船，摆渡到这支拥有六十二艘宝船、两百零二艘各类船只的庞大舰队。

二万七千余名士兵和船员，将在他的指挥下，展开规模宏大的远航。

"大明威武！"

在一片山呼声中，一群偏立一隅的人就显得分外显眼，当头的人黑瘦矮小，更显得扎眼。

"老爷，是三保太监郑和。"身边的从人道。

"老爷"这个称谓可不是随便叫叫的，在明时，只有朝廷各部院长官如尚书、都御史、通政使，以及地方省长官布政使、按察使及道员才有资格被尊称老爷。

这位黑矮之人，正是新任浙江按察使的周新，据闻他一离开京城，朝中权贵弹冠相庆，皆言"冷面寒铁"一走，睡觉都觉得踏实。

"郑监出洋，也是盛事，今日有幸见了，也算我们的福气。"周新笑笑，对身边从人道。

虽说周新周老爷在京城已经可以让小儿止啼，甚是了得，但是私下他对身边从人非常和蔼，他所针对的，都是那些贪赃枉法之人。

"老爷，从此处往南，就是浙江地界，眼下天色尚早。"一位从人道。

周新抬头看看天色，点头道："好，继续赶路！"

周新朝着三保太监离去的地方微微躬身，表达了自己的敬意。靖难时期，他们可是一起伺候过当今天子的，也算有点香火情谊。

此时的大明刚刚从战乱中恢复过来，天下虽然太平，但是各项生机恢复缓慢，苏州、嘉定、湖州一带屡遭水患，田土无收。

听闻户部尚书夏原吉、佥都御史俞士吉等不日也将启程，前来江浙一带赈济饥民。

如此密集地调动官员南下，可见江浙一带的民生不容乐观。

此外，从永乐元年开始，天子朱棣就逐渐将重心移到北方，改北平府为顺天府，成为"行在"，迁发百姓充实北京。据说，天子不日就要下诏，兴建北京皇宫和城垣。

周新清楚，朱棣是打算迁都，同时要以北京为基地，进行对漠北的战事，所谓有生之年要彻底解除北方威胁。

朱棣是一个有雄才大略的天子，周新也相信在他的统治下，能够看到大明辉煌的一刻，不过放在眼前最重要的，还是江浙一带复杂的吏治环境。

江南从前朝始，就渐渐形成了地方宗族把持的现象，唐宋时，朝廷法制不允许民间奉祀四代以上的祖先，地方大族就和寺庙结合，将祖祠设于寺庙之中，所以说东南佛国也不是说说就有的。

而另外一块，江南士人更为聪明的就是直接"造神"。洪武年间，常熟管副七卒。管生平伉直义侠，"凭里人为祟"，已渐露灵异，里中称其已归神，将其塑像置于庙内。

这种神化先人，通过地方宗族操作，扩大影响，并最终成为地方神灵，进而控制地方乡民，家族子弟"自奉号称神子神孙"的现象，俨然成为江南一景。

就是在这么一个大背景下，江南的吏治……周新也只能呵呵一声，想想都头疼。

所以这次南下，周新罕见地带了几个从人，原本均是军中锐士，具有百人敌之勇，就是为了提防乡间恶绅鼓动愚民，以莫须有的动了风水、触怒祖先的名义将其坑杀了。

作为参与过靖难之役的人，周新觉得，怎么低估地方恶绅的操守，都不为过！而在一个满是祖先神灵的地方，更是要小心谨慎为上！

# 数日后杭州府

此时的杭州为浙江承宣布政使司治所,洪武初期,"人民凋敝,土地荒芜","盖因久困兵革,生息未遂"。

洪武帝当时讲了一段很有名的话:"天下初定,百姓财力俱困,譬犹初飞之鸟,不可拔其羽,新植之木,不可摇其根,要在安养生息之而已。"

同时提出:"天下盛衰在庶民,庶民多则国势盛,庶民寡则国势衰。盖国之有民,犹仓廪之有粟,府藏之有财也。"

到如今,江南一地人口稠密,已有繁盛之象。

"这一路行来,江南之地真是不错。"说话的从人用衣襟下摆擦拭着脸颊汗水。此时的杭州已是季夏,按理说,热浪滚滚的夏天已经进入尾声,不过在杭州素来因为小环境的原因,总是要比其他地方多热几天。

也因为此,路边水塘中,盛开着荷花,叶大花丽,清香远溢,让人心旷神怡。

"就是蝇虫多了一点！"另一从人扇着衣摆，驱赶着嗡嗡作响的飞蝇。

周新勒住了马，神色凝重起来，坐下褐色蒙古马不耐地晃动颈脖，不停打着响鼻，尾巴也来回扇动，显示着它的不耐。

这蝇虫不是一般的多，有点像……

周新回忆起靖难之役时，尸横遍野的战场，除了乌鸦和秃鹫，最多的就是这种蝇虫，特别是在这种炎热天气下。

"搜查一下四周！"周新下达了指示。

他带来的从人都是尸山血海里滚出来的，几乎同时反应过来，这种蝇虫意味着什么！

在这些富有经验的从人搜索下，很快就发现了蝇虫聚集的地方。

尸体……

一具被草草掩埋的尸体……

"看上去像行商！"

"死了不久，是被人所杀。"

"老爷，这是尸体上的木印！"

周新接过木印，端详了起来。这种木印并非腰牌，也不是那种代表官吏身份的木牌，上面刻有花纹，嗅起来有一种染料的草木香，如果猜得不错，应该是布商用来印商号的木印。

洪武帝进行了大规模的农田水利建设，推广桑麻棉种植，为手工业提供原料。不过洪武帝最开始不喜欢商人，曾言："若有不务耕种，专事末作者，是为游民，则逮捕之。"

洪武初年，为了解决西北运粮的问题，洪武帝沿袭了宋制，用了"开中"的办法，即招商人送米进官仓，换取"勘合"，到出盐的地方领盐。这一种以米易盐的办法，打破了官营垄断，也激发了商人的动力，从那时起，商贾就兴起了。

明朝的商人，是非常聪明的，一旦被激活天性，立刻能迸发出无穷的想法，这种木印也是其中一项产物，算得上较早的商号品牌。

周新任监察御史时，经常处理官宦与商贾的矛盾，其中多半是官宦贪图商贾家产，企图巧取豪夺，而各类商贾多有自己的特色木印，作为标识，倒是帮助周新破了不少疑案，树立了他"冷面寒铁"的偌大名声。

"可有其他痕迹？"周新抬头问几个从人。

"没有了，老爷。"从人们都很仔细，反复搜索之后，回了周新的话。

周新将木印收回怀中，转头望向了杭州府。

"江南吏治，可比我想象的要坏上许多呀……"周新喃喃道。

几个从人互相看了一下,都不禁缩一下脖子,被"冷面寒铁"惦记上,可绝对不是一件好事情,这杭州府只怕要出大事!

"把这个商人掩埋了,我们这就去杭州府。"

"是,老爷!"

# 杭州府治钱塘县

明初杭州儒学教授徐一夔，在《织工对》中曾经写道："余僦居钱塘之相安里，有饶于财者，率居工以织……且过其处，见老屋将压，杼机四五具，南北向列，工十数人……"

从中可以看出，杭州已经有了很发达的织造手工业，连初期的雇工都已经出现。

相应地，杭州的布行也同样繁盛，几乎到比邻而列的程度。

梁三七如往常一样，早早起来，他的店铺临街，是硬山搏风造，修的时候还是花了点银两，檐柱选的是梓木，柱子石礅还特意用了青石，做成了提灯形，金柱更是咬咬牙，选了最好的楠木，木径足有八寸。

梁三七卖布，胆子大，啥都敢收敢卖，远近闻名。他最常说的话，布都是他花银子买的，自然能用银子卖了。

不过他今日开了店铺，就感受到有点不一样。

几个人，当首的长得黑瘦，一看就不像江南人，个子又矮，多半是岭外人，脸色虽然和缓，但是眼神锐利，就像刀子一样扫来扫去，让梁三七的皮肤都有点针刺般的疼痛。

"此人不得了……"梁三七内心一颤，迅速对眼前的人做着判断，那是得看过了多少人，经过了多少事，以为这样的人简单，那就是他梁三七太傻。

眼光又扫到其他几人，皆是孔武之士，身高体壮，绝非江南土人，均穿着杂色圆领直衣，一点都不像一般脚夫力士那般穿着短衣，裹着头巾。再仔细看，有两个人眼神不停扫视四周，右手不经意搭在腰际，那是……

"北人边卒！"梁三七内心狂呼，感觉今日的日头都暗了不少，这么一队人早早挡在店铺前，绝对没有好事！

"这几位客官，可想买布？"梁三七收起惊骇，还是如往常一般客气询问。

当首那黑瘦之人点头回答："是，可否看看货色？"

"当然，当然！"

就这样，梁三七迎进了这一干外乡人。

那名黑瘦汉子并没有自己看货，反而是观瞻其店铺陈列，不时还摸摸金柱，频频点头称赞，而几名北方汉子则分散到四周，不停翻看布料。

梁三七内心越发不安，这些人根本不是在看布料质地好坏，反而是翻看布料边角，似乎在找些什么。

不多久，一名汉子就捧了一匹布料，到了那黑瘦汉子身边，梁三七就看着那人从怀里摸出一块木印来。

咯噔一声，梁三七的额头渗出了汗水，一阵心悸感觉一下卷过了他全身。

"店家，可否告知，这匹布料从何而来呀？"黑瘦汉子温和地问道，然后扬起了手中的木印，上面的纹路与布料角上印的一模一样。

梁三七长吸了一口气，突然尖声道："还不动手，等死呀！"

店中几个伙计操起剪刀，可还没等他们扑上去，那些北人汉子已经近身，一捏手腕，一拉胳膊，然后肩膀一靠，直接将几个伙计甩飞出去，劈里啪啦倒下一片，满地哀号。

"店家，这样总可告知周某了吧？"黑瘦汉子再次慢慢道。

梁三七整个人都软了，浑身的力气仿佛被抽走一般。

"我说……"

> 初，新入境，群蚋迎马头，迹得死人榛中，身系小木印。新验印，知死者故布商。密令广市布，视印文合者捕鞫之，尽获诸盗。（《明史·周新传》）

# 浙西

## 明永乐十年（1412）

水，浑浊的水慢慢卷过，破碎的木板、浮动的树枝以及无数丧命的生灵无不显示着之前的狰狞。

赵居任脸色难看地站在水岸边，一旁全是他的幕僚。

作为通政，地方上的情况向来关乎他的政绩，如此大水，今年的考绩如何能好看？

更何况……赵居任心里清楚，这水灾一半天灾，一半更是人祸，是他，堂堂通政，赵老爷不重视水利工程导致的洪水。

幕僚们都低头不作声响。这位官老爷可从来不体恤老百姓，他到任后，压根就不关心农务，百姓得不到任何支持，农事自然难看，可这位老爷却年年上报丰收，那浙江的赋税一点不少，自然更不可能获得额外支持。

可他是朝中耆老，洪武重臣，与夏原吉关系莫逆，谁又能动他分毫呢？这夏原吉在永乐帝出征时，受命辅佐皇太孙，总管行在所九卿事务，当今圣上都称赞为高皇帝培养的"贤才"，是当代"名臣"，常年辅佐太孙，是帝师一般的存在。

"老爷，这大水？"终有一亲近幕僚斗胆上前问道。

"匿！"

"灾民？"幕僚吞咽了一下口水，又艰难地问了下一个问题。

"分散杭嘉湖各地……"赵居任略略思考，下达了指示。

幕僚们面面相觑，杭州、湖州尚好，嘉兴虽为鱼米之乡，但久被耽误农事，今年的收成也好不到哪里去，贸然散一拨灾民过去，只怕当地要生变……

可所有的幕僚看着脸色铁青的赵居任赵老爷，同时低下了头，这位老人家年纪大了以后，越发刚愎自用，哪里还听得进任何意见！

# 嘉兴府

倪弘三抹了一把脸上的雨水,惨然看着倒伏在泥土里的庄稼,在他身边站了两个他的从弟。

"哥哥,今年的收成已经完了。"

"赵居任这个狗官年年报丰收,今年税赋一点都不能免,若是到了年底……"

"哥哥,已经没有生路了!"

倪弘三喃喃道:"是呀,没有生路了……"

倪弘三上前了几步,走到泥田里,双手捧起了被雨水打坏的庄稼,突然间跪在泥地里,仰望天空哀号道:"苍天呀,你睁睁眼呀!"

雨下得更大,无情地击打着倪弘三的脸。

倪弘三的两个从弟面面相觑,也不知道该如何劝说。

还没等他们开口,倪弘三另一个从弟跌跌撞撞跑了过来，大喊道："哥哥，浙西难民入境，县里要我们各家各户都要接收！"

倪弘三霍然起身，转过身时，几个从弟看他神情，都不自禁地退了几步。

扭曲、狰狞甚至有点半哭半笑的表情。

"我们……"

"没有生路……"

"反了吧！"

他大喊着，声音凄惨，甚至有点瘆人……

几个从弟看看四周，再看看倪弘三，突然间觉得，已经没有生路，真不若反了！

"嘉兴贼"就这么在一片泥泞中，诞生了！

# 杭州府治钱塘县

"荒唐!"周新很久没有像现在这般发脾气了。

"赵居任误国!"

身为浙江按察使,周新如何能不知赵居任的事情,但是这次,赵居任干得太过分了,已经激起了民变。

"老爷,嘉兴贼已经骚扰了好几个郡城,各地均在报急。"

"各地卫所如何?"

"不堪战!"

"知道了。"周新叹了一口气,明朝实行卫所制,军丁世代相继,给养依赖屯田,洪武年间尚堪一战,到永乐年,北军因为要征伐大漠,尚保有战力,而南军……

豪绅、将校侵占屯田,军卒生活无着,早就军备废弛,不堪战斗了。

"浙西大水,有难民到杭,从中间挑选精壮者操练之,再从各卫挑选洪武老兵入列,掺杂成为一旗,再调处州(今丽水)矿兵一部,作为先锋锐勇。"周新是参与过靖难之役的,虽然没有亲自带队,但是对军列之事也是甚为明了,自然知道老卒充当小旗,组织青壮作为基础,辅以悍勇兵卒作为果敢,就能快速组织起一支军队的方法。

既然地方不堪战,作为浙江按察使,就有必要组织起一支征讨的军队,随时等待旨意平定叛乱。

"驿站可还通畅?"

"通畅。"

"八百里急送,余要书写奏章,禀明圣上,赵居任瞒匿灾情,误国!"周新安排完军事后,双眼一寒,沉色道。

"老爷,赵居任与夏原吉素来相好,这奏折……"幕僚言下之意也很明显,定会触怒夏原吉,有违当官之道。

"你可看到那悬挂之物?"周新道。

幕僚一愣,这才想起那悬挂在大堂的风干老鹅。

这是周新初赴任浙江按察使的时候,有人带着一只烤鹅来周新处拜见,也就想让他尝尝鲜,烤鹅也算不得什么贵重之物。结果周新与那人道:"不收礼是余之老规矩。"

那人不当一回事,放下烤鹅就快步走了。

谁也没料到,周新第二天就把这烤鹅悬挂在大堂之上，凡有人来送礼，周新就指着那烤鹅道："如执意要送，照悬不误。"

幕僚顿时恍然，周新早就将自己的官途绝了。这么多年来，周新一直有"青天"之名，破了那么多案件，早就为浙江百姓敬仰。据说许多地方还给周新搞了长生牌，日夜供祭，按照江南风俗，周新是有神格的人，未来要当一方守护神的。

"是，老爷！"幕僚作了一个揖，表示赞同。

很快，一封奏章就八百里急送到京城，将赵居任赵通政狠狠告了一状。据说当时夏原吉在府邸里破口大骂周新不识好歹，随意举奏朝中耆老，坏了官场规矩。

但是夏原吉也是怕了这个"冷面寒铁"，不敢扣下这个奏章，还是呈报了上去，但耍了一个小心眼，处理时轻描淡写。当今圣上也算睿智，另外安排了巡检调查这件事情，最后免了浙西税赋，为后续平乱工作作了铺垫。

到这时，周新并不知道朝廷的情况，而是带领紧急操练的军队，开赴嘉兴，进行平乱。

> 永乐十年，浙西大水，通政赵居任匿不以闻，新奏之。夏原吉为居任解。帝命覆视，得蠲拯如新言。（《明史·周新传》）

# 桃源

倪弘三呆呆立着，并没有说话，远处他两个从弟横尸在地，一个仰躺，双眼圆睁，不甘地望着天空，另一个则扑在水洼里，散乱的头发漂浮着……

再远处则横列着军阵，当前一排均穿着小对襟齐腰甲，手中握着藤牌、长刀，后面几排则手握长枪，锋利的枪头从藤牌间隙凸棱出来，形成一片杀戮地带。

整整一百条生命就消失在这个军阵之下，个人武勇完全没有任何用处。

倪弘三四周，全是沉重的呼吸声，几个最勇敢的手下也是脸色惨白。

倪弘三知道，他的军心，散了。

他再一次环顾了一下四周，还有上千名手下，黑压压一片，现在唯一能维系他们还能战斗没有放弃的，仅仅是人数上的优势。

对面那个叫周新的浙江按察使，在各个港口用巨大的木栅封堵住，迫使他们只能从陆路逃窜，限制了他们的行动范围，然后就用这种军阵，一步步绞杀，冷酷但是极有效率。

"哥哥！"唯一的从弟凄然道。

倪弘三知道，这个代表着什么。起事的时候，他是带着对命运不公的呐喊，但是在劫掠了郡县、裹挟了乡人，在杀戮中逐渐迷失的自己，在这一刻突然清醒了过来。

"真是一场梦呀……"倪弘三嘟囔道。破坏和杀戮并没有给他带来公平，只是将更多的不公平带到了这个世间。在他的手下中，太多被裹挟而迷失自我的人，他们已经不能称之为"人"，而是一群野兽！

倪弘三缓缓抽出了腰间长剑，这是他从一个千户官身上扒下来的宝贝，出自名师之手，锋利，坚硬，释放了他太多太多的怨恨。

"是时候结束这场梦了！"倪弘三再次嘟囔，然后转过身去。

"杀过去，这是最后的活路！"倪弘三嘶喊着，率先冲了出去。其他人愣了一下，然后就不自觉地跟上了脚步，人流汹涌着向对面看上去单薄的军阵冲了过去。

"有勇无谋！"更远处，周新摇了摇头，挥起手，在他身边的军士立刻扬起了指挥旗。

"嘭！"拉开弓弦松手后发出的撕裂声。

"咻！"箭高速划破空气的破空声。

"啊……"连绵不绝的惨叫声。

如此反复……

战斗在近黄昏的时候落下帷幕，血腥气弥漫在整个战场，"嘉兴贼"中最勇敢的部分被歼灭，大部分被机械杀戮吓蒙，选择投降，接受命运的判决。

倪弘三很幸运，身中一箭，没有成为第一拨冲撞上枪阵的牺牲者，在大队崩溃后，没有做太多抵抗就被俘虏了。

他被拖到了周新面前，此时的他一片淡然，跪在地上，仰视着这个黑瘦的按察使。

周新是"冷面寒铁"，并非那种感情丰富的人，他认为的天道就是秉持公理。

"赵通政隐匿灾情，本官已经上奏朝廷。"周新淡淡道。

周新祠"冷面寒铁"匾额

"有用吗?"倪弘三惨然道。

"不知!"周新很诚实。

"呸……"倪弘三朝地上吐了一口口水。

周新略略挪开了脚尖。

"你会被解送上京,可有遗言?"

"苍天不公,可恨我不能逆天改命!"

"倪弘三……"周新想了想,不再言语。他太清楚了,当一个人所想所虑与你完全不同,不用再尝试去说服他,周新唯一能做的是,按照法理,将其解送京城,听候发落。

这个是对"道"的坚守,也是对倪弘三引起的叛乱,造成无数家庭家破人亡的惩戒。

"天道轮回……"周新叹了一口气,并没有对自己所坚持的信念产生任何动摇。

> 嘉兴贼倪三劫旁郡,党数千人,累败官军。新督兵捕之,列木栅诸港汊。贼陆走,追蹑之桃源,絷以献。(《明史·周新传》)

# 杭州府治钱塘县

最近整个杭州府的气氛都有点压抑。事情的起头也不复杂，年初，有一批锦衣卫从京城赶来，名义上是搜捕要犯。带头的千户叫许应先，据闻是锦衣卫指挥使纪纲的亲信。

明朝锦衣卫前身是洪武帝设立的"拱卫司"，后改称"亲军都尉府"，统辖仪鸾司，掌管皇帝仪仗和侍卫。

洪武十五年（1382）改置锦衣卫，洪武帝特令其掌管刑狱，赋予巡查缉捕之权，下设镇抚司，从事侦察、逮捕、审问等活动。洪武二十年（1387），洪武帝为太子朱标继承大统铺路，废除了锦衣卫。

到当今圣上，又得以恢复，并由镇抚司专门管理。可以直接逮捕和拷问犯人，刑部、大理寺、都察院均无权过问。

这帮"鹅帽锦衣"的家伙一到杭州就作威作福，倚仗着天子亲军的名义，到处索取贿赂，如有不从，立马扣上乱臣叛党的名义，罗织罪名，直接拘捕。

龙井茶

钱塘县令叶宗人一大早就赶到浙江按察使周新处，端坐在座位上，一杯西湖龙井冲了又冲，泡了又泡，几与白水无异。

周新和这个叶宗人也有一段交情。叶宗人是随着夏原吉到淞沪治水后，因为功劳大被调任钱塘县任县令，初始就有廉名。

周新趁着他外出，到其家查访，发现他家十分简陋，没有任何贵重之物。为了表达敬意，周新破天荒地宴请叶宗人，这也算是周大按察使来杭州府头一遭。

叶宗人此后也一直保持勤政爱民的作风，在民间留下"钱塘一叶清"的好名声。

周新黑着脸坐在主位，心情不是很好。

锦衣卫的龌龊事，周新如何不知？但根子上还是在当今圣上，地方上没有抓捕锦衣卫的权限，也没有卫所兵愿意配合，靠地方上几个衙役，要去抓捕这些天子亲军，那就是笑话，多半是送人头去。

反而被锦衣卫扣上谋反罪名，直接就当场格杀，如此种种，也难怪这叶宗人要坐在按察使衙门。

如今整个杭州府乃至浙江承宣布政使司都知道，周新麾下有一支强军，虽然在歼灭"嘉兴贼"后散去大部，但核心成员还在按察使府邸，周按察使身边那是有几个"千人敌"的。

有这几个虎贲在场，叶宗人有理由相信，就算自己的软脚衙役也能迸发出惊人力量，可堪一战。

"周按察使，你也给句话！"叶宗人是不满的，就差没有说出平时看你周新大老爷嫉恶如仇，铁面无私，怎么到了皇帝亲军这，就左右失措，一点风范都没有了。

周新扬了扬眉毛，如何不知叶宗人所想，但是……

"容余想想……"周新拱了拱手，起身准备转道后进。

"周按察使，下官明日再来拜访。"叶宗人也不为难他，起身就走。

周新转入了后堂，就看见在天井处劳作的妻子。

周新的妻子周氏，一身布衣，一点都不像一省大员的内人，而且也不喜欢使唤丫鬟、婆子，一些事情都是亲力亲为。

当年，初到浙江时，周氏"偶赴同官妻内宴，荆布如田家妇。诸妇惭，尽易其衣饰"。

"夫人……"周新看着自己的妻子，还是有点哽咽，他这一生，唯一觉得对不起的就是自己的妻子。

"老爷，你是怎么了？"周氏很容易察觉周新的异常。

周新上前几步,缓缓拉着周氏的手,和她细说了近日之事。

"老爷可是担心触怒当今圣上?"

"锦衣卫是天子亲军,缉捕锦衣卫,形同违逆圣天子,圣上……"周新欲言又止,当今天子并非宽容之人,看他能诛方孝孺十族就能知晓。

"老爷初到浙江,能假扮庶民,入狱探事,当时若非周大他们,只怕早就横尸狱中,当时老爷可否担心?"

周氏所说,是周新初到浙江时曾穿便服巡行所辖地区,触犯了一个县令。县令想拷打处治他,听说按察使将到,便把他关进监狱。周新在狱中询问几个囚犯,查到县令贪污的情况。他告诉管监狱的官吏说:"我是按察使。"县令震惊谢罪,周新弹劾罢免了他。

现在想想,当时若非几个从人随时策应,只怕那县

城隍庙

令心一横，用个冒充按察使的罪名直接棒杀了他也未可知，可谓凶险。

周新笑笑，摇头道："不曾。"

"老爷死都不怕，又怕什么呢？"

"夫人，你我未有一儿半女，余是怕……"周新眼神都柔和了起来。

周氏瞪大了眼，望向周新，转而低头道："老爷，不用担心妾身，妾身会照顾好自己，老爷是有大志向的人，莫要违了自己的心。"

周新一愣，呆呆看着妻子，然后向她行了一个揖，旋即下定了决心。

"周大，组织人手，捕人！"

锦衣卫指挥纪纲使千户缉事浙江，攫贿作威福。新欲按治之，遁去。顷之，新赍文册入京，遇千户涿州，捕系州狱，脱走诉于纲，纲诬奏新罪。帝怒，命逮新。旗校皆锦衣私人，在道榜掠无完肤。既至，伏陛前抗声曰："陛下诏按察司行事，与都察院同。臣奉诏擒奸恶，奈何罪臣？"帝愈怒，命戮之。临刑大呼曰："生为直臣，死当作直鬼！"竟杀之。（《明史·周新传》）

# 附记

明永乐十四年（1416），纪纲因为"谋大逆"的罪名被凌迟处死，而圣上也知道冤枉了周新，深感后悔。

> 是夕，太史奏文星坠，上不怿，问左右周新何许人。对曰："南海。"上曰："岭外乃有此人。"一日，上见绯而立者，叱之，问为谁。对曰："臣新也。上帝谓臣刚直，使臣城隍浙江，为陛下治奸贪吏。"言已不见。遂封新为浙江都城隍，立庙吴山。（明·张岱《城隍庙》）

此时已经到了明永乐十五年（1417），依然担任钱塘县令的叶宗人正好督率工匠，准备前往北京。在途中知道消息后，据他旁边的从人所说，当晚他痛哭了一场，独自一人摆了一桌酒席，复又痛饮了一番。

第二天一早，就被发现猝死在房中，脸色安详。

此后杭州人为了纪念周新，在吴山上修建了周新祠，俗称"城隍庙"。

现在屹立在吴山之巅的城隍庙是当代新修的，门前横匾上"冷面寒铁"四字，是当今书法家朱关田的手笔。门口有一口大钟，据说是胡雪岩姨太太赠送的平安钟，敲三下就能保平安。

殿内新塑神像共三座，其中一尊便是周新。周新的坐像总高 5 米，身边站立的分别是手执兵器和印鉴的文武官员，每个高 3.8 米，三尊像共用金箔 20 两贴面。周新像的造型参照了上海城隍庙的原型，顶部是神龛，它长 2.5 米，宽 2.8 米。

城隍庙里有六幅画，左一讲周新执法如山、冷面寒铁；左二讲周新惩治隐瞒灾情的赵居任；左三讲周新身为直臣，死为直鬼；右一讲周新微服出行，洞察民情；右二讲周新悬鹅明志，拒收礼品；右三则讲明成祖梦见周新，为了平息民愤，修建城隍庙的事。

## 参考文献

〔清〕张廷玉等：《明史·周新传》，中华书局标点本，1974 年。

〔清〕张廷玉等：《明史·叶宗人传》，中华书局标点本，1974 年。

〔清〕张廷玉等：《明史·纪纲传》，中华书局标点本，1974 年。

〔明〕张岱：《西湖梦寻》，马兴荣点校，中华书局，2007 年。

## 第六章 三元宰相玉骨清

# 辽源里
## 明永乐十二年（1414）

正使太监郑和揉了揉眼睛，看着眼前的生物一阵发呆。

这个生物身高约一丈六尺，身上有斑点，头的额部宽，吻部较尖，耳大竖立；颈特别长，约有六尺，颈背有鬃毛；四肢高大强健，前肢略长于后肢，尾短而有黑色簇毛。

"此乃何物？"这是郑和第四次下西洋，也是第二次到榜葛剌（今孟加拉），但是这个生物是第一次看见。

通译询问了身边一众穿着白衣的榜葛剌人，里面有一个看上去比较高壮的黑肤汉子从嘴里含混着吐出了一堆文字："揭拉夫肯麦略帕特雷斯！"

"什么？"

"是拉丁文，意思是长着花纹的骆驼。"翻译官马欢道。

"骆驼岂有如此神貌，倒是有点像……"郑和一下子想不起来。

"麒麟！"马欢接口道。

郑和一拍手，道："甚是！麒麟，倒是祥瑞！问问此物从何而来？"

那黑肤男子又吐了一串词语。

"麻林迪（今肯尼亚）。"

"麻林迪……"郑和琢磨着这个词汇，然后转头望向了身后的海港。

海舶四十艘，均是用搭接法构筑的大型海船，整体强度非常高，而且采用水密隔舱不易漏水，船舶载重量非常可观，已达万石以上。而且设施齐全，可以在船上养猪、种菜、酿酒……这就是一个个移动的海上堡垒。

第四次舰队共统军两万七千余人，包含书手一百四十，阴阳官、教谕各一人，医官医士一百八十人，其余均为骁勇善战的士兵。这支部队刚刚消灭了占城伪王苏干刺率领的大军，并生擒了苏干刺。

看着遮天蔽日的船帆，郑和心中涌起了无限的自豪。

壮哉，大明！

"这次远航，我们去麻林迪！"郑和回头对马欢道。他决定去祥瑞的家乡看看，如果有可能，抓捕一两只，敬献给皇帝陛下。

"遵命！"马欢双臂合拢向前伸直，右手微曲，左手附其上，上身鞠躬四十五度，行了一个揖手礼，代表了尊敬和服从。

而另一边,一个小小的婴孩降生在严州府淳安县辽源里(今里商乡商家村)的商家,成为了商家第五个儿子。

辽源里(今里商乡商家村)有一个典故,是源自商姓祖先。

辽源里宋时属仁寿乡芝山,北宋中叶,河南汴梁(今开封)人商瑗,因留寓西夏,一度为西夏都知兵马使。

嘉祐六年(1061),商瑗以使者身份,秘密携妻、子返回中原,心怀故土的商瑗将西夏欲犯中原的机密和盘托出,继而影响了当年的宋夏战争走势。

仁宗皇帝嘉其义,赐田宅以代世禄,并命择地青溪县(今淳安)芝山居之,子孙受荫庇补官者三世。

芝山遂成为以商瑗为始祖的商氏宗族居地,形成村落。

因商瑗从西夏迁来,故名辽源里。

辽源山清水秀,村前有特朝山,村后有青龙山、白虎山遥遥相对,山上到处是常青的松柏,森林茂密。沿着村边,由南而北的是一条溪水,常年潺潺流动,蜿蜒而下,一路通到新安江。

朝山,又名朝砂,指的是作朝揖之状的山。黄妙应《博山篇》云:"面前特立,命曰朝砂。"特朝山尖秀方圆为高格,按照风水来说,主家人锦衣玉带,是将要为相的。

当然，商家人也没法了解老祖宗寻地苦心，商瑗以下，也没多少有出息的，到商辂父亲，也不过是县里一个普通的有职位的小吏而已。

商辂出生在严州府治所梅城吏舍，出生那天，由于是阴天，气压很低，所以晚上整个天空都是发红的。

当天似乎只有商辂一个婴儿降生了，所以很多人传着商辂的出生命带贵格。而商辂的父亲，由于某种心理原因，也应和说前晚梦到神人驾车从天门而降，所以取名叫"辂"。

幼年的商辂并不方便留在吏舍，还是由母亲解氏带着，回辽源里度过了一段时光。

新安江畔古村落

乡下的空气和吃食总是好的，而辽源里满村的人都姓商，对于这个出生时有异象的婴儿，自然是关爱备至。村中老人还说，老祖宗的风水估计就落在这个叫"辂"的婴儿身上。

所以商辂的童年大抵是非常开心和受到重视的，营养和教育资源的大幅倾斜，让商辂打小就展现出和其他人完全不一样的状态，明显比其他小孩高壮的身板，以及教养下展现的聪慧，更是形成了良性循环。

在这种环境下长大的商辂，是自信的，六岁的时候，就能吟诗作赋，并开始诵读《论语》等儒家经典，十三岁时，已经能写出得体的文章。

而最出名的故事，就是严州府考官初临时，为了考教一干严州府学子，取了拉纤纤夫意，出了一个"龙须缕缕升天际"的上联。在场学子无一人能答，反而是坐在父亲脖子上，过来凑热闹的小商辂答出了下联："虎扑尖尖伏水中。"

引得考官惊异，又出了一个"顽童无知，骑父作马"的上联，毫不怯场的商辂，很快对出"慈父有德，望子成龙"的下联。

一时间，整个严州府都知道，商家出了一个贵格公子，以后是要成大事的！

## 浙江贡院
### 明宣德十年（1435）

大明的皇帝在正月的时候，因为生病不能视朝，初三驾崩于乾清宫，时年三十八岁，时方九岁的太子朱祁镇即皇帝位。

十一日作宣德帝陵，二十五日上宣德帝谥号"宪天崇道英明神圣钦文昭武宽仁纯孝章皇帝"，庙号宣宗。二月初九，封帝弟朱祁钰为郕王。

大明皇帝的更替，没有影响整个大明的运转。

八月，大明三年一考的乡试按期举行，此时已是童生的商辂，也如同其他学子一般，从家乡出发，早早来到严州府所属浙江承宣布政使司治所——杭州。

杭州是东南名郡，南宋时更是行在，多少文人骚客在此留下墨迹，即便聪慧如商辂，也是带着一种朝圣的心态来到杭州的。

浙江贡院此时尚在今南山路中国美院一带，要到后来的明英宗天顺年间才移址到今杭州高级中学一带。这块地方，可以望见西湖，可以说风景秀美。

贡院要到八月初九才开放，连考三场，每场三天，而且商辂一早就了解到贡院里的号舍居住环境极其恶劣，每个号舍深四尺、宽三尺，折合到现在也就一平米多一点。

白天考试，用木板隔成上下砖托，作为台椅，方便写作。晚上把木板全部移到下砖托，作为睡觉的地方。

在这种压抑的地方，一待就是九天，加上考试的沉重压力，期望中举的幻觉幻想，很容易让一个正常人发疯。

为了防止童生自残，除了有兵丁日夜巡守外，连带着贡院的水井口也是小了不少，足以让一个正常人没法一跃而入，投井自杀！

商辂冠巾赴考。
引自《三元记》

商辂是聪明的,也是有备而来,所以一早,他就租下了贡院旁的一处住所,帮助自己能够先熟悉周围环境,并能有效地迎接接下来的九天大考。

此地大约在今三元坊巷九号一带,离浙江贡院也就两里来地,漫步走去也就一刻钟左右。

太近,每天看见贡院容易让自己焦虑;而太远,走过去费劲。

商辂也打听过了,到杭州赶考,要吃一碗面,喝一杯酒。面是"坐面",专人制作,用手工擀上劲后,垫上一根竹杠,人工坐研半个时辰,做出来的面烧不糊,滑口韧道,吃起来特别有"筋道"。

为了讨个彩头,还要在面里放一个油煎鸡蛋,意为状元。

商辂吃的那家,还别出心裁,附庸风雅,取了苏东坡在杭当官时说的一句话:"无肉令人瘦,无竹令人俗。"切了冬笋、肉丝作为佐料,但是总让商辂觉着缺了一股鲜味。

而酒就要考究多了,是从绍兴府运来的上好花雕酒,是用优质糯米、上好酒曲加上鉴湖水,添加数种滋补中药,按古法酿制后窖藏数年而成。

商辂也清楚,这多半是商户搞的噱头,不过酒性柔和,色橙黄而香气芬芳,喝下去时味道倒是甘甜醇厚。

"客官,这酒叫状元酒,这面叫状元面,咱家做的可是最正宗的了。永乐十九年(1421)的进士,当今兵部右侍郎,巡抚河南、山西的于谦于廷益,中举前就爱吃咱家的酒和面！"

商辂还真不好反驳，对于这位于谦，商辂是非常佩服的，少年天才，本身就出生于杭州府，离这小面馆也就里许地。

从这里望过去，还能望见于谦就读的吴山三茅观，在那里，于谦十七岁的时候就写出了《石灰吟》。

"千锤万凿出深山，烈火焚烧若等闲。粉骨碎身全不怕，要留清白在人间。"商辂心中默念了于谦写的诗，很对自己的胃口。

当下就决定去于谦家看看。

于谦住的地方早就没了人烟，他的家人也随他去地方上任，只有一名老叟看家护院。

老叟看他是读书人，也没阻拦，就由着商辂进去。

其实里面不大，一进去就是一口井，一面靠墙，三面是石栏杆围住，旁边就是于谦的居所，约莫一丈深、两丈宽。

主厅陈设简陋，一望到底。后面有个小园，非常雅致，有一池方塘，两个小亭。

站在那里，商辂能够感受到静穆，嗅着吴山山风卷来的松柏清香，商辂整个人都放松下来，突然间对后面的乡试，再也没有焦虑！

八月初九，商辂走进了浙江贡院,开始了第一场考试，试以《论语》一文、《中庸》一文或《大学》一文、《孟子》一文、五言八韵诗一首、经义四道。

在沉吟了片刻后，商辂挺直了身体，右手握着毛笔，认真地写下了自己开卷的第一个字！

接下来，十二日为第二场，试以五经一道，并试诏、判、表、诰。十五日为第三场，试以五道时务策即结合经学理论对当时的时事政务发表议论或者见解。

> 赏罚二者，人君治天下之大柄也。赏当功，罚当罪，则人心服；一有不当，则人心不服。故欲服人心，莫先于慎赏罚。（商辂《政务疏》）

这个想法贯彻了商辂一生，而乡试，只不过将他的这个想法，第一次表达出来。

当第三场考完后，天色已经昏暗，商辂伸了个懒腰，从自己的号房里走了出来，感觉除了肩胛、脖颈处酸痛外，全身上下都有点酸臭味道。

闭馆考试的时候，只能简单地洗漱一下，并不提供沐浴。

"酸秀才，酸秀才，原来是这典故。"商辂自嘲了一下，然后在巡防曹兵的注视下，施施然走出了贡院。

为了洗去一身污垢，商辂还特意去了杭州的"香水行"。这香水行其实就是公共浴室，俗称混堂，《七修类稿》卷十六《混堂》有记载："甃大石为池，穹幕以砖，后为巨釜，令与池通。辘轳引水，穴壁而贮焉，一人专执爨，池水相吞，遂成沸汤。"

这种风俗据说从宋时就流传下来了，苏东坡就特别喜欢泡澡堂子，还专门写了两首《如梦令》来描写当时的感受。

商辂去的那家还高级一点，设了木格，下面烧火将水煮沸，人就在上面蒸，肌肤上的污垢受热，随着汗水浮起，自然有童子来搓去。

洗去污垢，换上一身新衣后，商辂格外清爽地回到了住所，倒头睡去。

此后数日，商辂并没游山玩水，而是一如既往地勤奋研究。此时的大明已经由盛而衰，最典型的事件，就是郑和下西洋正式终止了。

永乐二十二年（1424），仁宗即位时，就宣布停止下西洋，但是到宣德五年（1430），宣宗还是命郑和往西洋，规模也颇大，总人数近三万人。

正统年的时候，辅政大臣命南京守备太监王景弘停罢采买，宣布了七下西洋正式落幕。

对此，商辂还是有点唏嘘，觉得下西洋之举，开阔视野，其实还是挺有好处的，唯一不足就是不重视"赢利"二字，朝廷赏赐远比所获更多，也难怪朝中诸公不愿意坚持。

但是，从另一方面，也征兆着朝廷经营大不如前，为此，商辂有点忧心忡忡。

数日后，放榜，商辂的大名出现在第一位，高中浙江乡试"解元"，踏过了多少学子都梦寐以求的门槛。

消息传回严州府辽源，整个商家宗亲都为之沸腾，高喊祖宗保佑，天降贵子，商家有幸！为了庆祝，辽源改名叫"文源"，也叫"商家源"。

有明一代，一旦中举，好处多多，第一就是能够做官；第二可以见官不拜，自称学生，这个在明朝阶级等级分明的时代，是很高的荣誉；而最重要的是，举人的田地不用交税，还有很多外户投冲，行商不用交税……可以说，这是乌鸦变凤凰的唯一途径。

像商辂父亲商仲瑄，屡试不第，可以说读了一辈子书，长期困居在家。后来靠着严州府有司援引成例，补了一个典史，也就是一个严州掾的小官，算是有一个正式职务。

而商辂，年仅二十一岁中了"解元"，其成就已经超过了商家列祖列宗。

而这仅仅是商辂的开始。

明正统十年（1445），商辂经过十年寒窗苦读，在第三次参加会试时，获得第一，高中"会元"；随即参加殿试，当今圣上朱祁镇亲擢为第一甲第一名，即为状元。

成为明朝唯一一个"连中三元"者！

# 土木堡
## 明正统十四年（1449）

大明的皇帝朱祁镇跳下马，找了一处干净的地方，面向南方，盘膝而坐。并取下了自己的头盔，头盔是六弧铁盔，上饰有金制的玄武神和六甲神，含有出师胜利的吉祥之意。

现在看来，除了戴着有点重，并不能保佑他获得任何胜利。

四周到处是嘶喊声、哀号声以及瓦剌人特有的呼喝声，大明的御林军，多达二十万之巨的军队已经崩溃，骑着马的瓦剌人在到处掠杀朱祁镇的忠勇部下。

就在刚才，朱祁镇看到英国公张辅、驸马都尉井源和修武伯沈荣战死当场。

朱祁镇从小一起长大的伴当王振，这位大明最有权势的司礼监秉笔太监，面无人色地伺候在身边，浑身颤抖着，完全没有了之前让大将军膝行拜见的威风。

"先生……"朱祁镇嘴唇有点发白，甚至因为缺水有点干裂，在吐出这个词以后，也知道这位平时被倚为重臣的伴当，已经没了主意。

这时护卫将军樊忠，满脸悲怆地走了过来，脚步有点踉跄，他穿在金漆山文甲外的袒肩宽袍已经破损，上面沾满了暗红色的血迹。

兜鍪也不知道被打落在何处，披头散发的樊忠，配上一脸的血污，此时只能用狰狞来形容。

樊忠是陕西人，是世袭将官，忠勇侍国，从来没有像现在这样感受到绝望，多少同僚屈辱地死在了这片土地上。仿佛就在昨天，这些人都还一起唱和欢歌，对大明的未来充满了信心。

"该死樊忠，惊扰圣驾该当何罪！"颤抖的王振稍微恢复了精神，踏上一步，挡在了朱祁镇的前面。

樊忠赤红双眼死死盯着王振，完全没有了以往的敬畏，就是这个白面无须的太监，怂恿圣上御驾亲征，又一次次改变行程，导致人困马乏。

不然二十万大军，怎么会被区区两万北虏如此掠杀！

突然间，樊忠一股气血涌上脑袋，提起了手中的大锤，喝道："老贼，奸佞误国，葬送我大明将士。今日，吾要替天诛杀你这国贼！"

血溅在朱祁镇的身上，有几点还溅在嘴上，有点咸苦，还带着点温热。

朱祁镇有点茫然，眼前的一切显得如此的陌生。

樊忠一脚踢开王振的尸体，单膝跪下，低头道："陛下，请做好准备吧！"

言毕，起立转身，双手紧紧握着沾满血污的大锤，深深吸了一口气，喝道："大明驾前护卫将军，樊忠，今日死战于此！"

扑向了一众涌过来的瓦剌士兵。

朱祁镇望着樊忠的身影在瓦剌兵中渐渐消失，不多久，一名瓦剌兵高举起一个头颅，兴奋地嚎叫起来。

"准备……准备什么……"朱祁镇呢喃道，直到一名瓦剌兵扑到身前。

数日后，大明皇帝御驾亲征惨败，皇帝被俘的消息传到了京城！

听到消息的时候，商辂正好在于谦家里，当时商辂觉得满脑子一片空白。

虽然商辂不喜欢王振，觉得这个阉竖祸国，但是对于大明的军队还是非常有信心的，特别是和瓦剌作战，还有相当的优势。

当时的大明军队已经火器化，而且不比前宋缺养马地，军中具装骑兵的数量十分惊人。以尚留守京城的神机营一部为例，装备有霹雳炮一千挺、鸟枪两百枝以及大炮二十门，这个还是属于不能随驾出征的鱼腩部队，若是全身披甲的御林军，一个人顶瓦剌人十个都不是问题。

而事实上，商辂的判断并没有错，以最后死战的樊忠为例，几乎以一己之力，锤死了数十名瓦剌兵，一段时间，几无兵卒敢上前，而其率领的最后一部分御林军虽全员战死，但斩杀数倍之敌。

以至于瓦剌兵看见身着华丽甲衣的朱祁镇，不敢造次，将其恭送到也先之弟赛刊王处。也先听闻后，立即去请安磕头行君臣礼。

时任兵部左侍郎的于谦面若沉水，反而显得比较镇定，在听闻消息后，只是来回踱步了一下，便有了主意，道："弘载，随我进大内，面见皇太后。"

商辂此时因陈循、高谷推荐入内阁，参与机要事务，但随于谦去见大明王朝真正的统治阶层，却还是第一次。不过商辂不是怯懦的人，他在会试不第后，苦读十年，连夺会试、殿试第一，就能看出他内心的强大。

对于于谦，商辂是佩服的，在此国难之时，他选择无保留地相信于谦。

二人在当晚进宫拜见皇太后，并很快获得了皇太后的首肯，第二天一早，由郕王监国朱祁钰发起，召开了御前会议。

有侍讲徐珵曰："臣夜观天象，察今大势，非迁南京不可。如其不然，恐有不测之祸矣。"

商辂道："京师乃天下之根本，山陵社稷在此，百官万姓资蓄在此，帑藏仓储在此，六官辎重在此。今不守此，将欲何为？若一迁都，则大事去矣。昔宋高宗南渡之事可鉴也！若京城一失，则敌兵长驱而入，虽山之东西，河之南北，非复国家有也。"

于谦道："谁为画此南迁之谋，可斩！以安宫廷，以定民志，然后出师对敌。"

遂定下坚守京师，并诏令各地武装力量进京勤王，同时调河南、山东备操军，调通州仓库的粮食入京。

此后的一切，对于商辂来说有点奇幻。

八月二十三日，御庭会议，百官震怒，当庭殴打王振心腹马顺，打死党羽毛、王二人和王振的侄子王山。

九月，于谦联合奏请太皇后立郕王为帝。

九月初六，郕王登基，是为景帝。

十月初一，瓦剌大军攻陷白羊口、紫荆关、居庸关，直逼京师。

而在这五十天的时间内，商辂见证于谦准备了一场浩大的动员运动，于城上、城垣、堞口新设门扉一万一千有余，沙栏五千一百余丈，以阻击瓦剌军。

同时在京师九门共布置二十二万大军，于谦披挂甲胄，亲自督战。

北京保卫战，打响了！

此时，商辂正好迈过三十五岁之龄。

# 十月十四日
## 北京保卫战第四日

雨。

商辂虽是文官,也套了一件短罩甲,用束甲、腰带扎利索后,穿上腿甲,裹上折上巾后,一点文人的气质都没有了。而且商辂身形高大,在一众矮小士卒里,十足一个假扮兵丁的逃将。

也难怪于谦看了都说,是否找件山文甲给商辂,被其拒绝。

"山文甲厚重,下官未必能穿得,有件罩甲护身足矣。若不美观,吾再套件宽袍即可。"

此时贵为兵部尚书的于谦,也确实没精力再管其他,只是叮嘱这个小老弟注意安全。

是的,商辂也没有在后面参与军机,而是领了差事,在彰义门一线指挥。麾下兵卒不多,大约一营人马,由于商辂没啥野战经验,在于谦安排下,埋伏在重要地带。

这个战法,在十月十三日用过,纯粹用地利和火器优势，大量杀伤瓦剌人，德胜门外，大将石亨就用这招杀死了也先的弟弟孛罗和平章卯那孩。

对将官的要求就是沉稳，聪慧，能够抓住战机。

对此，于谦是一百二十个放心商辂，堂堂连中三元的状元郎，还怕没有这点智慧，而商辂的性格又特别坚韧，并不毛躁。

不过出于对商辂的爱护，商辂这一营兵士安排得更靠近彰义门，能够直接看见于谦立在门楼上的帅旗。

商辂还是有点紧张，嗅着空气中弥漫的血腥气，拼命要求自己静下心来。

战斗是在辰时打响的，天蒙蒙亮的时候，在小雨中，大批瓦剌骑兵呼喝着涌了过来，当前的是一批先登具装甲骑。

瓦剌人的衣甲有点类似中亚那边，盔是锥形盔，有护额，盔上多半还缠着一圈毛皮，身上穿的是链板甲。马匹具装，有面甲、胸甲，可以说武装到极致。

"轰！"

这一声是大炮的声音，商辂眼神很好，此时也趴在房顶上，能够看见一片漆黑的圆球砸进了瓦剌骑兵阵中，几乎同时，惨叫声响起，再是具装甲骑，在炮弹的直击威力下，也瞬间变成齑粉。

"嘭！"

是床子弩的声音，巨大的弩箭轻松贯穿了链板甲，将瓦剌人钉在了地上，中者一时未死，发出了凄惨的哀号。

"神机营，开火！"

挡在胸墙后的神机营，以三叠阵开始了怒吼，第一排先行发射，发射完毕即转身退到第三排重新装填弹药，第二排上前，继续射击。枪弹如雨泼，让冲在最前面的瓦剌勇士，浑身冒出了血珠。

一眨眼间，数十名瓦剌人失去了性命，而后面的瓦剌轻装骑兵开始漫射。

商辂有点想吐，第一次看见如此多的死亡，不管是瓦剌人还是明人，不管是具装甲骑还是仅穿了罩甲的火铳手，在很短的时间里，扭曲着扑倒在泥地中。

血沿着地势，在泥泞中划出了一道道溪流。

"此乃，战也！"

这一刻，商辂真正感受到了战争的可怕，同时更坚定了他以后为人处世的态度。

"大丈夫，何惧生死，自当玉骨冰清！"

还有什么比面临死亡更可怕的事情呢？连生死都能看淡，又何惧其他呢？

大批弩手的进场，让瓦剌军的阵线更加混乱，很快，就会重现德胜门的胜利。

可是这个时候，一声尖细的声音响起："随咱家杀敌！"

一营骑兵从彰义门中冲出，还没冲到瓦剌兵前，先混乱了自家的阵势。

"糟糕！"商辂喊了一声。

几乎同时，瓦剌兵也抓住了战机，迅速调动骑兵冲杀了回来。

火铳手和弓弩手在骑兵的冲击下，迅速溃散，裹挟着溃兵，瓦剌骑兵转了一个圈，急速往德胜门处冲了过去。

商辂马上看见彰义门上调令旗语，连忙跳下屋顶，带着自己的一营人马往德胜门赶去。

当他赶到的时候，就看见了让他毕生难忘的场景。

老百姓，身无片甲的老百姓，爬上了屋顶，掀起了瓦片，砸向了瓦剌骑兵。

瓦剌人的弓箭射死了很多老百姓，但是并没有吓退他们。

"民能载舟亦能覆舟……"商辂第一次感受到平常百姓的伟大，这个比读更多的圣贤书都要有价值。

"三叠阵，射击！"

瓦剌人退去后，商辂站在了一具尸体前，久久不语，死者是一名年轻妇人，姣好的面容，胸口一支箭，是致命伤，死的时候，双手还紧紧握着一块石头。

商辂的心有点沉甸甸的，并不想多言语，只是缓缓跪下，对着尸体磕了一个头。

北京保卫战的结束，代表大明化解了最大一次危机，商辂在其中除了仗义直斥徐珵徐有贞外，还发挥了很多作用。除了指挥军队外，他还招募壮士，招贴榜文，悬赏也先头；完成于谦部署，骚扰瓦剌军。

但是战争对商辂的洗礼是最显而易见的，也坚定了商辂忠贞不屈的性格。也为后来朱祁镇复辟后，他被贬为民，埋下了伏笔。

不过此时的商辂只是感觉到大明胜利的喜悦，在此后，他并没有过多地参与于谦的朝政事宜，反而专心干一件事情，修撰《寰宇通志》。

这是从永乐十六年（1418）就开始的系统工程，当时的夏原吉因为种种原因没有完成，景泰五年（1454）重新开工，复遣了进士王重等二十九人分行全国各地，博采当地掌故。此事由商辂恩相陈循、高谷牵头总裁撰修，加之商辂本身对地理就特别感兴趣，也就一力参与。

《寰宇通志》全书共一百一十九卷，记录了各地风土人情，虽有缺漏荒谬之处，但是在当时确实是一代奇书。

《寰宇通志》编撰完成后，商辂加官兼任太常卿，但很快，就迎来了他人生中的至暗时刻。

# 崇文门
## 明天顺元年（1457）正月二十三

于谦被处斩。

消息来时，商辂没有声响，只是默默面朝墙坐着。

在十六日的时候，景帝朱祁钰病重，石亨、曹吉祥和徐有贞迎接上皇恢复帝位，就已经种下了因果。

商辂是第一时间到于谦处，也提议是否可以迎太子朱见深继位，时至今日，商辂都能感受到于谦的淡泊。

"弘载，你说，当今太子生父是谁？"

"上皇！"

"当今圣上可有子嗣？"

"无……"

"石亨所部，不过千余，吾握三大营，精卒十万，若要镇之，易如反掌，然后呢？上皇复辟，吾为臣子，尽忠于当今圣上，对于上皇，吾若手刃之，是等太子继位，于氏满门……还是迎藩王入主，坐等靖难？"

"这……权行……"商辂不敢说，也不想说，这个有点玷污于谦的为人。

"弘载，于氏当不得司马氏，天下初定，北虏虎视，地方藩王蠢蠢欲动……吾若为于氏一门苟且，却害大明动荡，百姓何苦。"

"于公，这……"商辂一时哽咽，不知道该说什么。

于谦双眼有神，商辂甚至能感受到他的内心燃烧着一团火："弘载，吾非愚忠，世人皆自私，吾只想做一方石灰，死得其所即可。"

商辂像
引自《西湖拾遗》

那一刻，商辂感受到了于谦的情怀，从上皇复辟起，于谦就起了死志，愿意以于氏一门换大明安康。

这是何等胸襟！

不自禁，商辂低下头，做了一个揖手礼。

当晚，王文、于谦被捕，复辟的上皇还是召见了商辂与高谷，命令他们起草复位的诏书。

石亨私下告诉商辂，不要写宽恕的文字。

商辂回答道："此乃祖制，不敢改变。"

石亨不高兴，立刻发动了言官弹劾商辂勾结于谦奸党，要一并处罪。

若不是中官兴安道："从前这些人创议南迁，不知将陛下置于何地？"

"商辂，是朕选的士人，与姚夔任东宫侍读。"皇帝还是念了旧情。

这才贬斥为民，并没有再多为难。

于谦死后不久，商辂就启程回老家。

商辂是先到杭州的，去了一趟于谦的故居拜祭，又重游了一遍故地。

原来居住的地方已经改了名字，从凌椒巷改名成三元坊巷，还在巷口建了一个青石牌坊，上面刻了"三元坊"

三个大字，是专门纪念他连中三元的。

很多学子都在此处徘徊，均说这里有仙家气息，是天上文曲星待过的地方，吸吸文气，有助科考。

有些商家嗅到味道，已经在这里附近营造商户，俨然变成热地。

商辂并不言明，悄悄走了。

然后坐船沿着新安江，到了严州府，又看到了另一座三元坊。

这是明正统十三年（1448），严州知府黄澍，在府前正街宣威桥上建三元牌坊，以表彰商辂连中三元，鼓励严州学子用心读书。

此处牌坊更见雄伟，石柱之前还有栩栩如生的狮兽盘立。

于谦故居

商辂也只是短暂停留，继续坐船，回到他长大的地方——淳安文源。

开始了他长达十年的赋闲生活，这期间，除了天顺二年（1458），于谦养子于康，将于谦尸骸运回钱塘故里，归葬于西湖南面的三台山麓时，前往杭州拜祭过一次，其余时间，均呆在故乡。

这期间，商辂干了两件事情：修路、建学。

文源地处深山，风水虽好，行路不便。

《文源修路记》云："人行东西麓，东行数百步，遇石崖陡险，则折而西，西行数百步，遇石崖如前，则又折而东……每盛夏骤雨，洪水卒至，东西相距，跬步莫前，行旅病之。"

因此商辂拿出了皇帝赏赐的黄金，开始修筑从文源到淳安县城的道路。

当然，术业有专攻，商辂是读书种子，不是包工头子，真正负责整体营造的是一个和尚，法号净圆。

这个和尚很有意思，自称修习天台宗，是上天竺辩才法师一脉，学的是山家派妄心观，主张心法与色法皆圆具三千。

他与商辂认识也有点戏剧性，尝言心法难破，到了困境，想与儒生，特别是"连中三元"的超级儒生辩思一下，看看能不能破其心境。

一来二去，二人就成了好友。净圆出家前，就懂得营造工程，听闻商辂想法，就自告奋勇参与其事，也算是他修行的一种。

"突者去之，洼者填之，缺者补之，石崖峻陡者凿而通之。"净圆说，修路如同修行，也是炼心。

净圆还说，此种修行和儒家陆九渊"心即理"相通，是"心即法"的践行，也是妄心观实践的一种方式。

商辂一直耻笑这个净圆和尚是个假和尚，多种理论混杂一起，纯粹是半路出家的野和尚。不过内心非常敬重这位大师，认为他是真正符合儒家经学致用操守的！

商辂也帮不上忙，于是在深渡岭（又名深洞岭）寻了一块地方，这里林木茂盛，就是山行冷寂，周边不见人烟，正好位于道路中端。

商辂就在这里构屋数楹，题作"仙居草亭"，让净圆和尚及弟子居住于此，以便节省时间组织施工。

在此基础上，又陆陆续续修了一些建筑，由于此处清静，风景也特别好，商辂索性就在此办了学，专门教授族中子弟及学生。

明《嘉靖淳安县志》：仙居书院，在县南辽源深洞岭畔。状元商辂以其去人境颇远，可进修，即中峰构堂数楹，命子侄诸生读书其中，扁曰"仙居书屋"。

商辂是一个传统的儒生，与当时盛行的理学派还是有很大的区别，更接近浙东事功派。

他最欣赏的著作是《大学》，尝和门下弟子曰："修身为治国之本。"

他经常用当今时政来教育子弟,如上皇与景帝之间的过往,特别强调:"始勤终怠者,众人之常情;慎终于始者,圣人之要道。"

常常拿"唐虞三代"之世比喻当下,颇有点理想主义倾向。

很多思想也与董仲舒别无二致,特别强调"天人合一";在此基础上,与商辂自身的性格有所结合,强调"明德""仁义",特别嘱咐门下弟子要善于研究,掌握思路。

"修身,要理解'身',即耳、目、口、四肢也。欲修身,要做到非礼勿视、非礼勿听、非礼勿言、非礼勿动。简而言之,人之所为,一切合乎规矩。"

这一日,商辂如往常教育子弟,下面坐着的既有稚童,也有青壮学子。

"山长,这个不甚明白。"

"礼即规矩,非礼,就是不合规矩。修身,就是时刻要将规矩牢记在心,做到勿视、勿听、勿言、勿动。"

"可是山长,人非圣贤孰能无过?一如美色当前,如何勿视?"

"明辨是非、赏罚之道,牢记趋利避害人之本性。"商辂微微一笑。

下面学子一片恍然。

就这样，商辂悠悠然，在这里教育着自己的子侄。其子商良臣、商良辅均在此读书，一个后来做到翰林侍讲，一个做到太仆少卿，也算商辂教育有方。

商良臣对此留下了美好的回忆，在《求仙居书屋诗》里描述："仙居之山，环抱重叠，书屋之上峰益奇，壁益峭，涧益深，路益险。近山顶有一洞，居人呼为'深洞'，岭之得名以此。旁有数洞森列，如屋相向。夏月清气袭人，石生其中，如玉笋珊瑚，读书之暇，攀萝一登，或不知此生之在人世也。书屋之侧，洞泉涌出，莹洁可爱，虽大旱不竭。书屋下，距溪数丈，时闻水声潺潺。书屋前，屏幛秀丽，四时如展图画，其间奇胜尤多。"这与洞坑村环境相符，后山有天坑溶洞，为洞灵庵遗址，村中有泉水（小溪坑）流入文源大溪之中。隔河相望则青山横亘，宛如屏幛。

到清朝时，此处已经改为仙居书院，添置了数十亩的天地山产，为书院老师、学生食宿提供保障，俨然与石峡书院、梅峰书院一样。

# 明成化三年（1467）

新帝朱见深是一个英明的君王，一上任，就干了两件得人心的事情。

一是平反，成化初年（1465）就为于谦平冤昭雪。二是励精图治，对天顺末年叛乱进行清理，平复两广，平复荆襄流民，并对河套进行清理，驱赶鞑靼部落。

这些事情让商辂都非常有好感，所以当宫里的中官来到仙居书屋，命他原官职进入内阁时，商辂仅仅是推辞了一下，并非那么决绝。

儒家讲究济世救人，并不推崇道家的清静无为。英宗在位时，不管如何，商辂都不会入朝，但是现在的皇帝能够替于谦平反，本身就是一个良好的契机。

中官再次来的时候，带来了皇帝的口谕："先帝已知你是冤枉的，就不要推辞了。"

商辂这才进京复职，临出行前作了一首诗："玉骨冰肌不染尘，雪霜深处倍精神。莫言岁晚无生意，南北枝头总是春。"

一到京城,商辂就将这十年的感悟写成了策,包含勤奋学习、采纳谏议、储备将领、防守边疆、减省多余官员、设置义仓、尊崇先圣名号、广泛制定士法共八件事,均被皇帝欣然采纳。

同时在为郕王恢复王位和封号的事情上,商辂极力说郕王对社稷有功,做到了仗义执言。

最后在对抗汪直的事情上,商辂也一度冲在最前面,迫使汪直的西厂被废除,但也遭到了汪直的忌恨,最后辞官而去,又回到了自己的淳安老家。

家居十年后安然去世,时年七十三岁,赠予太傅,谥号文毅。

## 参考文献

〔明〕商辂:《商文毅疏稿略》,四库全书本。

〔明〕商辂:《商文毅公集》,四库全书本。

毛飞明:《商辂年谱》,香港天马图书有限公司,2005年。

商通:《商辂传说》。2005—2007年,浙江省淳安县政协文史委员会组织收集流散在民间的故事传说,共38篇。未出版。《商辂传说》是其中一篇。

第七章

青天知县清乾坤

# 淳安县
## 明嘉靖三十七年（1558）

淳安县是浙江西部一个贫苦山城，田地稀少，这里多的是茶叶、竹子和树木，全县田地山塘只有八千多顷，赋税却又奇重。

从根子上来说，是大明开国的时候没有丈量好，每亩田实际上只有八分，甚至只有五六分。可就这样，丝毫没有阻止贪婪的地方乡绅串通官吏舞弊，玩弄"诡寄"（将田产寄予他户）、"飞洒"（将田赋转加给他户）等手段。

结果是"富豪享三四百亩之产，而户无分厘之税；贫者产无一粒之收，虚出百十亩税差"。

对于此，淳安的老百姓是无奈的，只能忍气吞声。

鸠坑的百姓尤其如此。

明《嘉靖淳安县志》载："鸠坑源，在县西七十五里，其地产茶，以水蒸之，香味倍加。茶，旧产鸠坑者佳，称贡物。"

鸠坑毛尖茶园

《唐志》载:"睦州贡鸠坑茶。"

这里离县里远,本地的特产就是鸠坑茶,是贡品,能够抵部分夏绢、秋粮,日子还算过得去。本地一个村一个姓,不是曹家村就是胡家村,要么上严家村、下严家村,多少有点亲眷关系。

当然,亲眷关系丝毫不能阻止本地豪强"诡寄""飞洒",但乡里乡亲,互相之间又隔得远,关系不如平原亲近。

# 姜家村

姜十二是一个破落户,祖上也阔过,据说,姜家村村口的金黄色石塔就是他祖上造的。这石塔还很神奇,塔上长了茶树,叶子是白的。传说开国皇帝朱元璋率兵到此,刚好是立春,为了迎春(迎春三礼黄豆茶叶大米),还采过,所以叫金塔。

姜家村的族长按照辈分是他远房三叔,不过对他这个族侄子,那是一点不手软,前段时间刚刚"飞洒"了他家,顺路把他仅有的几分薄田给豪夺了。

姜十二很痛苦,这样下去,只能给他族三叔当佃客,不但要将身契给了族三叔,以后婚嫁、起居都要受约束,更可气的是,万一有个一男半女,取个名字都不能和族三叔家的重复!

说什么,这是"避讳",真真把自己当这山坳里的土皇帝了。

所以,此时的姜十二就蹲在自家金塔下,丢着石子生着闷气,然后,他就看见了一个人。

大约四十来岁，面方，肤色有点绛紫微黑，肩背平，腹小，手足也显得小，整个人感觉骨气清正。

"不是山里人。"姜十二马上下了判断。山里人长得差不多，除了那些大腹便便的豪强以外，多数山里人圆脸大头，肩背丰厚，大腿壮实，肌肉丰满，全身上下比较匀称，步履沉稳。

淳安山里难走，一般百姓又养不起大牲口，自然都要靠自己肩扛手提，哪里如同这个人那么秀气。

"像教书先生……"姜十二不笨，有时候太过聪明，不能低头在田里扒饭，小时候家里尚可的时候，还上过几天私塾。姜十二感觉到这个人有教书先生的气质，特别是眉目，有点不怒自威的感觉，和教书先生考较学识的时候，太过相像。

"是个官！"确定过眼神后，姜十二又下了判断。官有官气，主要是那种自信，大明的百姓多数低头顺目，哪里如这个人这般，走路时头微微仰起。

姜十二想到此处，连忙站了起来，双手在衣服上擦了擦，抹去泥土，迎了上去，打了一个揖，内心选了措辞后道："先生贵姓，到咱姜家村有何贵干？"

那人停下脚步，并不急于回答，而是上下打量了下姜十二，这才回了一个礼："鄙人姓海，就是随意走走。"

姜十二内心嗤之以鼻，随意走走，哄谁呢……姓海？姜十二突然间觉得如一道闪电划破黑夜。之前就有风传，淳安知县要换人，前几日还听到他家那族三叔和几个族人商议，说来了一个外省人，不知道如何，会不会新官上任三把火，要不要准备点仪呈孝敬。

海这个姓太罕见了，淳安这穷地方，外省人很少来，一般行商就那么几个人，那不就意味着……

姜十二不禁激动得有点全身发抖，他所受的屈辱一瞬间感觉到有了宣泄的口子。

"十二，要小心，一定要把握住机会。"姜十二暗自告诫自己，越发热诚地攀附上去。

淳安的各地乡绅做梦也没想到，一个破落户是怎么伸展开这个穷乡僻壤的一次巨大变动的！

# 贺城

淳安县治在"贺城",相传是东汉建安十三年(208),东吴大将贺齐建造的,位于灵岩山(今龙山)之麓。此地乃浙西重镇,为浙皖交界之所,水路交通便捷,沿着屯溪可以入新安江,直达杭州。

贺城初始建设分内城、外城,内城沿着天镜山礅,东南西三面用条石砌成一丈五尺高的石墙,并有三条石阶梯为通道。外城沿新安江岸用大松木钉为木栅,周围约五里,此后的县城多在此基础上修建。

元朝末年,贺城毁于兵燹,明洪武年间重新修筑。

不过此时,贺城正在大兴土木,重修新建六座城门,并加盖望楼,加强防御。此议为新任县令海瑞所提,连六个城门的名字都是海知县亲取,分别为"澄清门""振德门""还淳门""环翠门""孝义门""巩安门",可见重视,其目的就是备倭。

在嘉靖年间,浙江倭乱严重,大抵和浙江"七山一水二分田"有关。江浙明初多支持张士诚,洪武皇帝就对浙江施行重税,一方面导致浙江土地兼并严重,另一

贺城（老照片）

方面也引发了一系列社会矛盾。

而江浙田粮不丰，主要靠手工业，海贸占了重头。

明初时，大明国势隆兴，这些矛盾渐渐平复。但是到嘉靖年间，特别是嘉靖二年（1523），"争贡之役"后，罢市舶司，严申海禁，再加上倭国正逢战国乱世，浙江倭患陡然加剧。

如一庵先生唐枢，曾写信给当时的浙江巡按监察御史胡宗宪道："商道不通，商人失其生理，于是转而为盗。"

淳安地处内地，但沿新安江可长驱而入，特别是嘉靖三十四年（1555），七十余倭寇从江浙登陆，居然径直杀到南京城下，东南震动，容不得掉以轻心。

不过新官一上任，就大兴土木，也代表着新官是一名内心刚直、敢作敢为的人。

这也引得一干淳安官吏商贾内心不定，均想着第一时间能够和新官热络，了解其癖好。

不过，在安排完县内事务后，海瑞海知县却下乡去了。

# 绣衣第酒肆

"这个海知县只怕不好相与。"说话的人微微发福，是本地的乡绅方景。

说话的地方靠近绣衣第，相传那里是前宋宁宗皇帝敕封三位应姓宫女享福的地方。这三人传说中和宁宗皇帝的皇后杨桂枝关系莫逆，也算是沾了皇家仙气的地方，颇受淳安县城达官贵人的青睐。

"是呀，都说这海刚峰耿直，在南平当教谕时，见御史不拜，被讥笑为笔架。我还觉得，要么就是愚直不懂人情，要么就是沽名钓誉之辈，不过现在看来，只怕不是。"答话的人长得斯文，是县内的秀才郑伦，祖上是前宋官员，现在县里还有他们家的"郑氏宗祠"。

所以此人说话向来胆大，并不忌惮。

"这新官上任三把火，原来都是要孝敬的，不过现在看来，摸不着头脑。"方乡绅叹了一口气。

"这海刚峰看不上我们县里这点东西，只怕是要做事的，还想往上走走。"郑伦断言道。

方景摸了摸脖子，道："那后面还会烧什么火呢？"

"修城门是为了备倭，但也可以说是用这个看看县里人等办事能力。下乡多半是为了了解民情，为最后一把大火做准备。那中间还差一样事，就是立威。"郑伦眼睛一亮，露出谋士姿态。

"立威？"

"简单点说，找几个本县劣绅，杀鸡骇猴，讨好民心，但这事前任都干过……"郑伦摸了摸颔下长须，一时也猜不透这海知县后面会做什么。

但是他心里清楚，这海知县马上要掀起淳安县的一次大浪潮，以海知县新官上任来的一系列举动，只怕会动淳安眼前法理的根本。

做这样的大事前，他一定要收拢民心，及时立威，让所有隐藏在幕后的乡绅不敢与之对抗。不然，你道大明皇权不下乡是说说的？只要这些乡绅鼓噪起来，那些个佃户、愚民还不把县衙门掀了，闹出个民变来，小小七品芝麻官如何担责？

如何才能立威呢？

郑伦一时脑中想不出，连带着胡子都被扯断了两根，冥冥中他有感觉，绝对不能让这个海刚峰站稳脚跟，不然一场难以言明的祸事就要落在他们头上。

# 淳安县衙

第七章 青天知县清乾坤

在一干淳安地方势力商榷的时候，海瑞已经悄悄回来，身边多了一个从人，典型山里人的长相，不过更秀气文弱点，一双眼珠子颇为灵活，不像山里人那么淳朴耿直，正是姜十二。

海瑞和他聊完以后，又走动了附近几个村落，基本了解了情况，内心也有所触动。

"贪残刻削，私充官囊；穷竭膏脂，博交延誉。"

官员徇私受贿成风，酷吏贪得无厌，吃拿卡要，搜刮民脂；大户们没有廉耻，玩弄"诡寄""飞洒"，将税赋都转嫁到赤贫百姓身上。而且这帮人还沆瀣一气，已经成为一个大的利益集团。

姜十二并不是个案，也不是最凄惨的那个，长此以往，就会酝酿一个大的变故，若是有灾荒发生，立刻就是民变。

方腊之事，未必只是前朝故事。

"要小心处事，不能莽撞。"海瑞告诫自己。他孤身上任，还带着老母妻儿，贸然撬动这个利益集团，只怕自己怎么死都不知道。

"还是需要找个事端，要让这些宵小忌惮，不另生是非。"海瑞摸着胡须，自言道。

转头吩咐道："十二，你去把历年积案卷宗调来，也熟悉下环境。"

姜十二躬身道："好的，老爷。"

姜十二当日见了海瑞，就把心一横，投寄到海瑞门下，也不要劳什子姜家村那点破家业了。

海瑞也喜他思维敏捷，又熟悉当地情事，当时就允

海瑞断案。引自《古今姓谱》

了他的投寄。

海瑞要调卷宗，就是准备拿以往陈案，看看哪里可以突破。在大明，知县除了宣布国家政令、治理百姓、稽查奸宄、考核属吏、征收赋税外，能否断案，反而是老百姓最重要的评判标准。

海瑞想要动淳安县的原有根本，就必须获得老百姓的认可，有了这个基础，他才有资格徐徐推进整个淳安的改革。

淳安历年宗卷繁多，多数是邻里纷争，易断易判，不存在翻案可能。不过有一宗案情，立刻引起海瑞重视。

此案已经为前任知县判定，算是一个旧案，不过此案尚未上报，就移交到海瑞处，供词之中，多有疑点，又关系人命。

案卷并不复杂，案子凶手叫邵时重，被害人叫胡胜祖，两家是邻里，向来有山地纠纷，矛盾很大。半个月前，胡胜祖到山上，碰到邵时重，邵时重看周围无人，在山坡上找了一根棍子击打胡胜祖头顶，将其打死。

胡胜祖两个弟弟胡胜荣和胡胜佑找到了哥哥的尸体，并在现场找到凶器，并推断出是邵时重下的黑手，事发两天后，到县衙把邵时重告了。而邵时重在案发当日，却是一个人前往自家山地，没有不在场的目击证人。

此案条例清楚，可以说非常简单，但是海瑞还是发现了两个疑点：一个是为什么胡家兄弟要案发后两天才来报案？虽然可以说，他们两天后才找到哥哥尸体，但是胡胜祖失踪的地方，海瑞在下乡探访的时候还去过，离他们的村子并不远，两天才找到，太过离谱；二是既然两天后才找到，他们怎么知道一定是邵时重杀的人？

"十二，去将这个卷宗涉及的凶器调来！"海瑞突然吩咐道。

"好的，老爷。"

当天晚上，海瑞对着那根木棒看了半宿，第二天一早，就招呼姜十二唤来县丞、仵作前往胡家。他要开棺验尸！

此时胡胜祖的尸体已经开始腐烂，当打开棺盖的时候，一股恶臭就扑鼻而来，旁边的从人几乎人人欲呕，避之不及。

只有海瑞简单蒙了一块素巾，还命人将伤口处的头发剃掉，蹲下来仔细察看伤口。

姜十二瞅了一眼，就看见那伤口很深，头部颅骨都被打开了，血迹一直沾到骨头上。

"十二，拿块瓷片来！"

"好的，老爷。"姜十二转头发现一只破碗，打碎后，就递了瓷片过去。

只见海瑞，用瓷片在伤口处不停地刮，然后又把尸体的嘴巴撬开，看了半晌后，站起身来。

"十二，脱了尸体的寿衣。"

"啊，老爷，这……"姜十二一时有点张口结舌，不解地看向海瑞，只觉得海瑞的眼神特别明亮，根本容不得他辩解，"好的，老爷。"

姜十二也只好拖着仵作，两个人费力把寿衣剥了下来，就看见尸体皮肤已经发黑，差点没让他们吐出来。

就是如此，他的老爷、淳安的知县海瑞，复又蹲了下去，居然还伸手去摸尸体皮肤，轻按骨骼。

好一会儿，海瑞才站起身来，扯下素巾，蘸水擦拭了一下双手，道："十二，收殓了胡胜祖，传唤胡胜荣兄弟，准备开堂！"

海瑞书皇甫曾《送孔征士》诗碑

姜十二愣了半晌，这就完了？这就开堂了？

下意识地，姜十二还是回道："好的，老爷！"

然后，他就见证了他的老爷，淳安的知县，是多么地厉害，仅从一些小小的细节中，就推论出事情真相。

> 所点之朱，和以胶脂，复经火炽，是以虽洗刷数次，盆水已红，其骨却不免红色。其尸用瓷瓦刮之，头颅硬处红去无迹，至于缝痕松糙，骨红迹则有。然朱脂色与打伤色一隐一显，一凝死一流活，悬绝可辨。
> 《海忠介公全集·胡胜荣人命参语》

"木棍击打处木屑断裂，当时用力颇深，但只有表面沾血，里面一点血迹也没有，为何？"

"打开尸体伤口，血渗到头骨上，但刮去表面血迹后，下面骨头并不见红，为何？"

"伤口周围显示两种颜色，一种很红，就是沾了血，一种很暗，打伤色，为何有两种血迹？"

"尸体上的血、木棍上的血都是后来涂抹上的，而尸体头部所受的重击，是在死后血液凝固后才被打上的！"

"胡家兄弟，还不知罪！"

原来胡胜祖根本就是病死的。但死后两天，胡胜荣突然想起两天前在山坡上看见过邵时重，当时只有邵一人。此时胡邵两家正为征地闹得不可开交，胡胜荣脑筋一转，就跟弟弟商量，拿哥哥尸体陷害邵时重，以谋取邵的山地。

看见胡家兄弟扑通一声，瘫软在地上的那刻，姜十二突然发现，自己跟随的老爷，不是凡人，在他心里，他的老爷，就是神！

而整个淳安，也为之震动！

海青天！

这个称呼一下子就传遍了淳安县内！

# 绣衣第酒肆

"这海刚峰了不起,不愧是敢见御史不下拜。"

还是那处宅院,说话的人还是那个郑伦,语气上却又有所不同。

方景在一旁叹了一口气:"现在连我家童仆都知道海瑞海青天,这名头早盖过前面多少任知县。"

"是呀,现在海知县携着这股风,已经在衙门里开始定规矩,据说头一条就是整肃吏治,还定了衙门的开支用度。"这次加入说话的是一名县吏,神神秘秘的,也不愿意露了形迹,和方景关系挺好。郑伦自视甚高,不太愿意理他。

"哦,有这等事?"不过对这人口中的信息,郑伦来了兴趣。

"是呀,海知县还穿上粗布衣服,和家仆一起开垦田地,种植粮食蔬菜,这也不知道闹哪出。一帮子愚民还高喊海青天,将他的行为当成圣人的行为,衙门里已经没人敢有反对意见,怕惹上骂名。"县吏唉声叹气道。

"其他呢？"

"其他？对了，前两天刚下了令，缩减了朝觐，原来每三年里甲要派一两三钱八分，现在废止了，全部县里公出，这事就少了很多手脚。另外馈送出巡的御史、巡道等，也革除了。这是坏了多少年的规矩！一帮子愚民是高兴了，但问题是，这海刚峰是不要当官，可后任的老爷怎么办？重新再开摊派？这帮子刁民还不要造反！真是哪管后面大浪滔天，没有这样做官的……"县吏是个当官的料，思虑甚远，不过所说的话，郑伦嗤之以鼻。

郑伦算是传统儒生，信奉经世致用，更是信仰为达目的不择手段，这海刚峰不管怎样，确实开辟了不一样的局面，这格局胸襟远非一个县里小掾能够理解的。

"还有呢？"

"还有？看我记性！"说这话的时候，县吏眼睛瞄向了方景，"海知县要丈量土地，文书快下了……"

方景脸色顿时煞白，气急败坏道："这海瑞想干吗？他想和全县上百豪强对着干吗？"

这海瑞要减了供奉银子，那是他想去得罪各方大员，对方景这样的豪绅来说，不伤脾胃，随他去死。但是丈量土地，那就是怀揣着深深的恶意，是要动他方老爷银子的，那是绝对不能忍！

但是方景才站起来，就颓然坐下，现在海瑞势已成，他真要这么做，方老爷还真拦不住。不要看县吏因为少了用度，恨得要死，但是若他方老爷作死，要挑战海瑞海青天的官威，明天他就被卖了，说不得这县吏还要第一个来他家抄家，现行捞点好处。

皇权不下乡，那是因为乡间愚民被乡党宗族所约束，可以闹事搞民变，问题现在这愚民都向着海青天，能不能闹还是一个问题，说不得先引火烧身了！

沮丧之间，看见郑伦，眼睛一亮："郑公子，听闻你与胡督少公子相熟，是不是……"

"要请少公子可不简单。"郑伦微微一笑。

"钱不是问题，若是任海瑞这厮搞下去，只怕这淳安豪绅受的损失也不是一点两点。"

郑伦笑而不语。

方景看着一咬牙，道："白银两千两，郑公子游说之劳，另加酬谢！"

郑伦一拍手，道："好！方老爷尽管放心，我这就去办。"

"有劳了！"

# 姜家村

"十二，叔知道以前亏欠了你，但你也要考虑考虑姜家上下上百口人的生计！"姜家村族长，姜十二的族三叔，凄惨地坐在村口金塔下，满脸沮丧。

四周围着一片姜家村老百姓，但是没有一个人上来帮扶。

姜十二感觉从来没有过的舒爽，他眉毛上扬，嘴角咧开来。

"叔，这是海知县善政，再说，前年洪水，小七小八的山田崩塌了，赋役照出。如今他们都成了你的佃农，山后那几亩地还是他们开垦出来的，伸张出来，也不见得叔多交赋税呀！"

"这这，村中公出，供奉学子的银两可都是叔出的呀！"

"叔，海知县又不是要你身家性命，而是厘清田亩，按章纳税，而且还免了不少陋规银子……叔，这么多年，诡寄飞洒，你也赚了不少，若是真要计较起来，你觉得海知县海青天还会查不清楚你的根底?"姜十二丝毫不为所动。

姜族长听闻,连忙左右扫视,眼光过去,一干平时老实巴交的村民再也没有原先的惧色,反而都在窃窃私语。

"罢,罢,十二,你说啥就是啥吧……"姜族长顿时感觉全身力量被抽干,瘫软在台阶上,再也不想争辩。

正当姜十二安排清查姜家村田亩,重新核定赋税的时候,突然传来胡督少公子在驿站吊打驿使的消息。

姜十二心中暗叫了一声不好,这个事情发生的时机特别蹊跷,正是全县开展清查田亩的时候,如果不能很好地处理此事,海瑞的名望势必受到大的影响。

当下也顾不得姜家村的事情,连夜就往淳安县城跑。

可当他跑到淳安县城的时候,就听闻典史告诉他,海瑞已经将那少公子抓起来了。

"什么,那,那是浙直总督的少公子,老爷就这么把他抓起来了?"姜十二几乎咬断了舌头。胡宗宪是谁?那是浙直总督,总管抗倭大业,手捏七省兵印。

麾下有俞大猷、戚继光等名将,还把颇负盛名的文人徐渭招到他的幕府中去,帐下"戚家军"更是精锐。现如今的胡总督,权倾朝野。

听闻这位胡总督手脚也不干净,远远担不起"清官"名号,此等人物怎么会不护短?

姜十二太知道此时大明大头兵的厉害，杀良冒功的事情没少干。"戚家军"确实是名声在外，但保不住其他军头为了讨好胡总督，要么假扮倭寇，或者借机清剿，说淳安通倭，都有可能呀！

等人都死光了，谁还能说他们半点不是？

姜十二叹了一口气，现在他已经和海瑞荣辱与共，哪里还能有其他想法，说不得等大兵来了，自己先死在海瑞面前。

也不再多想，问清楚海瑞所在，连忙奔了过去。

海瑞在县衙，气定神闲地在起草禀帖，是准备写给胡宗宪胡总督的。

"老爷！"

"嗯……"海瑞没有抬头。

"老爷，那可是胡督的公子呀！"姜十二看着海瑞如此镇定，忍不住道。

"乱说！过去胡督考察巡视地方的时候，命令过地方不要供应太铺张。现在这个人行装如此丰盛，携有银两数千，一定不是胡督的公子。"海瑞扬了扬眉毛，回道。

"哎呀老爷，你怎么……咦……"姜十二突然醒悟，看着自家老爷那模样，第一次感觉到原来自己的老爷居然这么"坏"！

"对对，老爷，一定不是胡督的公子！"姜十二脑袋瓜子立刻开动起来，对付这种娇生惯养的公子，有的是办法，先去恐吓一下，就说他冒充总督公子，是要斩立决的，让他写下认罪文书……

想着想着，姜十二忍不住暗笑起来。

海瑞看见姜十二那模样，还猜不出他心里的"龌龊"念头，开口打断了他的胡思乱想："你快去备马，将这禀帖送到杭州胡督处，让他赶紧来领人吧。另外吩咐牢里，还是小心伺候。"

"好的，老爷！"姜十二连忙应声，此时的他已经完全没有了担心。

确如海瑞所料，胡宗宪看见禀帖并没有太多怪罪，只是笑了笑道："这海刚峰真是胆大包天！"

不过姜十二突然间发现，这个传闻中声誉不良的总督，确实胸襟不同，难怪能做到如此大官。

胡督少公子的事情，很快传遍了淳安县，淳安的乡绅再也不敢违抗海瑞的政令，各处都乖乖执行。

很快，淳安的百姓发现，原本艰苦的日子，突然间过得有滋有味起来……

# 明嘉靖三十九年（1560）

日本的"东海道第一弓"今川义元率领两万五千名大军，号称四万上洛觐见将军，途经尾张。

刚刚统一尾张的织田信长不甘心臣服，决定兴兵对抗，深夜舞起了幸若舞"敦盛"后，身披南蛮甲出阵，参拜完热田神宫后，以约四千兵力强袭今川军阵地，阵斩今川义元，史称桶狭间之战。

日本的战国时代正式进入最恢宏的阶段，同时也导致了浪人激增，一拨拨拥向了大明。

而此时的大明却发生了南京振武营军变，暴露了明朝吏治腐败，连当兵的饷银也肆意克扣的丑闻，南京兵部尚书张鏊、户部尚书蔡克廉被弹劾去官，南京官场大地震。

乘此机会，首辅严嵩任用私人，右副都御史鄢懋卿总理两浙、两淮、长芦、河东盐政。

这鄢御史鄢懋卿，是嘉靖二十年（1541）进士，为严嵩的干儿子，以副都御史的身份来经理东南盐课。

这家伙，就如同孙悟空进了蟠桃园，如鱼得水，他每到一地，排场之阔绰难以形容，敲诈勒索尤其多，据说，在扬州一地，他就搜刮了银子二三百万两。

此时的淳安百姓正在迎接丰收，感受到来年的日子会更好，在一片称颂海青天的声音中，淳安的百姓丝毫不知道这个鄢御史能和淳安发生什么关系；也不知道如果这位鄢御史真来了淳安，多少百姓要家破人亡；更不知道正是这个转故，导致他们的海知县面临了怎样一场大明官场的报复。

# 淳安县衙

牌示是几天前送到的，写明了鄢御史要来淳安巡视（索贿），不过牌示上写得冠冕堂皇："素性简朴，不喜承迎，凡饮食供帐，俱宜俭朴为尚，毋得过为华侈，靡费里甲。"

"十二，你去探听的消息如何？"海瑞最近很忙，审理胡胜荣案让他声名大噪，周围县府的疑案多有移交淳安，希望海青天能够明辨是非。

"老爷，这鄢御史真真奢侈。"姜十二说这话的时候，忍不住咂了一下舌。

姜十二是没见识的山里人，什么事情都能让他震惊，但是这位鄢御史的做派一度让他怀疑皇帝的奢侈也不过如此吧。

"这鄢御史一到杭州，这府里的大官吏都围着他转，据说还点选了美貌的妇人专门去伺候他。按道理，他应该坐八抬大轿，可轿夫……"姜十二比划了一下，表示非常众多，"至少上百个，那场面，那阔气，简直没得说。"

"还有小人打听到,为了献媚,有官员赠送了鄢御史小便壶,居然是银子做的……"

海瑞按下了正在看的宗卷,叹了一口气:"朝廷法度,都是坏在这些个不知收敛的东西身上。十二,你去把赵先生叫来。"

姜十二自然知道海瑞指的是谁,赵公辅,自号黄村,刚中的举人,来淳安儒学当教谕。

淳安县衙不大,不一会,赵公辅就赶到了。

这赵公辅也是一个奇人,刚到淳安时,并不因为教谕待遇菲薄而放松职责,心里有股劲,毫不懈怠,整个淳安儒学风气向好,生员们也慢慢好学起来。

"赵先生,要麻烦你起个禀帖,是给鄢御史的,大致意思如下:已经接到鄢御史的通知,但是我们所得知的情况和你通知完全相反,事实上鄢御史所到之处无不花天酒地,这个让我们非常为难。害怕按照正式通知办事,有怠慢之罪;如果大肆招待,又违背你体贴百姓的好意。请示他如何是好!"

赵公辅几乎怀疑自己的耳朵,抬头望向海瑞,看着这个淳安的青天似笑未笑,不像是开玩笑。

"海知县,卑职以为,如果据此写来,只怕得罪这位鄢御史。这鄢御史背后,可是严相……"

言下之意就是,若是得罪了鄢御史,基本上就得罪了当朝首辅,别说升官,能保住位子就不错了,说不得还会被诬陷一些罪名,落得凄惨下场。

"没事，海某不过七品芝麻官。若是能让严相高看，也是好事。"

"唉……"赵公辅知道海瑞在开玩笑，但心意已决，不禁叹了一口气。在海瑞帐下做事，虽然清苦，但是胜在踏实，即便是他在县学当教谕，也能感受到淳安这地方，因为有了海知县，而和其他地方大大不同。

不同所在，在于规矩！

淳安人讲规矩，这个是在大明当下吏治混乱的时候，太过神奇的存在。

海瑞严于律己，也让整个淳安的官吏不敢胡作非为，而海瑞明断悬案的神通更让一般宵小不敢跳动。

"昔人谓一介之士，苟存心于利物利人，必有所济。"在海瑞这样的用人观下，即便是一般县中被用来悬价奢卖的医官、阴阳官，也要学有所长。

至少赵公辅知道，淳安的医官是清楚知道药物标本、懂得人体组织，甚至能都对症下药，而淳安的阴阳官更是知道天文、气象，能够指导农事。

据说海瑞还在编写参评，对县内知县、县丞、主簿、典史等十一种官职或职业的主要任务作明确规定，容易发生的错误和缺点，一一列举，让人人都有依据参考。

赵公辅在这样的体系下，干得舒心，他是真的不想这么一个好官、清官、能官因为得罪了达官贵人而被诬陷。

似乎看出了赵公辅的担心，海瑞柔和下神色道："赵先生，之前我在推行均徭时，也给上官写了禀帖，写道：'卑职于民最亲，不能远去庖厨，见其生，不忍见其死，闻其声，不忍食其肉。比之上司见牛未见羊，如使客上官交际计，得以行其过厚之心者不同。'"

"卑职知道。"提到此事，赵公辅肃然起敬，这是严厉责备上司毫无怜悯百姓之心，可谓大胆。

"我以为，与百姓接触最多、关系最密的官员就是知县，正德年间，清江人敖英写了一本《东谷赘言》上说过一句话……"

"破家县令，灭门刺史……"赵公辅黯然道。

"不错，一个知县温和或者残忍直接影响了全县人的生活。我当教谕的时候，看到的大多数知县可为两类，一类畏首畏尾，不愿得罪人，一类上任伊始就拼命搜刮。我最看不起这些人，根本不是想做事业的，不配当这知县。"

"海知县大德。"赵公辅抬头道，突然发现海瑞眼中满是哀伤，这个是他从来没有在海瑞身上看到的神色。

"我知道，当今朝廷权阉横行，远不是太平盛世，但我还是相信，在一县之内，还是能试行伊尹、吕尚的道理。"

伊尹、吕尚都是宋儒推崇的人物，分别供奉商汤、周文，行三代之治。赵公辅知道，海瑞特别推崇王阳明，笃信一切以道为根本，知行合一，并非功利行事，追求霸道。

"不过很难，我轻徭役均田赋，但是百姓卖掉妻儿仍

淳安海公祠

旧不能清偿税赋的事依然存在；我日夜审案，案件却越来越多……"

赵公辅知道，海瑞并不是在抱怨，他只是在阐述一个事实，听闻海瑞断案如神，就连远在桐庐、遂安、新昌的案子都被移交到淳安来。

最新的案子是桐庐戴五孙沉尸案，就因为案发前，潘天麒有借宿戴家的情况，桐庐就主观定了戴五孙妻子徐氏与潘天麒有奸情，谋杀亲夫。最后定了徐氏凌迟、潘天麒处斩的判决。只是因为奸情的证据不足，才被大理寺打回重审，已经拖了十年。

海瑞查了宗卷，实地去看了一下，发现戴五孙与潘天麒住所，相去甚远，若真有奸情，往来太过不便。此外，徐氏与其夫戴五孙生育有多个孩子，潘天麒也有妻子，根本不似通奸，反倒是该案另一个嫌疑人徐氏哥哥徐继更有嫌疑。

提堂会审后，立刻就查出徐继与戴五孙因借贷发生冲突，徐继用石块打死戴五孙，沉尸水底。这个案子，充分显示了各县审案全凭主观判断，连基本的调查推理也做不到。若不是海瑞，只怕又是两个冤死的百姓。

突然间，赵公辅醒悟，海瑞是把他当同路人看待，是希望有更多的人能够守住道心，能够"致良知"。而起草对鄢御史的禀文本身，就是让自己能够寻找内心的"理"。

"海知县，卑职明白了，这就去起草禀文！"

"有劳了，禀帖写完就可以交给十二，让他带到杭州去。"海瑞表现出了充分的信任。

"是，海知县！"

# 杭州

"岂有此理！"

"混账东西！"

"不知死活！"

鄢懋卿愤怒地将桌上瓷器都抹到地上，碎成了一片片，这些都是龙泉上贡的上好瓷器，其中哥窑的冰裂纹紫口铁足葵瓣口盘和弟窑的粉青云瓶都是上佳巨作，价值不菲，现在都混杂在一起，分不清你我。

在发完脾气后，鄢懋卿坐回了椅子，还在不停地喘着粗气，下人们都噤若寒蝉，连大气都不敢出一个。

鄢懋卿有点发福，眼睛比较细小，看上去有点像弥勒佛，不过眼神中带着的是阴森，不太好相与。

"收拾好，都滚出去！"看着这帮下人，鄢懋卿就没来由的一阵气，一群废物，挥了挥手让他们赶紧下去，"袁淳留下。"

袁淳乃巡盐御史，也是鄢懋卿豢养的一条忠犬。

"东家，是不是要……"袁淳在鄢懋卿面前向来是自居仆人的，与他进士出身丝毫不符。

"不是时候。"鄢懋卿摆了一下手，此时的他已经完全从愤怒中回过神来，捡起了被他扔在地上的禀帖，"这海瑞倒是个能干人，以退为进，绵里藏针，硬是了得。"

鄢懋卿不傻，能够伺候严嵩父子，特别是小相严世蕃喜怒无常，没点忍耐功夫早就上吊了。

"那？"

"不急，不急，这海瑞只不过是一条硬骨头的狗，现在和他怄气，只能自讨没趣。袁淳，你起草一个禀帖，给严州知府，告诉他，本官有要事，严州就不去了。顺路把这个禀帖带去，告诉严州知府，治下清明，特别是淳安知县，牢记为官本分，该予嘉奖。"

"东家高！就是怕这严州知府不懂，到时候……"

"哈哈，过段时间，你再来羞辱他一番，如果有所升迁，你就在朝廷上弹劾他倨傲不恭，不安职守。按理知县被弹劾，是要停止处理政务的，以避嫌疑。"鄢懋卿阴笑道。

袁淳连忙拜伏。

"这种人呀，你越和他对着干，他越来劲，反而给了他清名。本官就是要踩着他，羞辱他，挡他升迁的路，让他好好清醒清醒，这大明，是有王法的！"

鄢懋卿抚摸着自己下颌稀疏的胡须，不禁嘿嘿笑了起来，完全没有了刚才勃然大怒的样子。

袁淳心中一阵发冷，越发恭敬起来。

此时，远在淳安的海瑞并不知道鄢懋卿的阴毒想法，其实，就算他知道，他也会嗤之以鼻，不畏权贵。

鄢懋卿的报复在嘉靖四十一年（1562）到达了顶峰，海瑞也确实如他所料，受弹劾影响，本来要提拔为嘉兴通判的，结果被贬为兴国州判官。

# 绣衣第酒肆

方景很高兴，总算要送走那个海知县，特意宴请了郑伦。

"郑公子，这海瑞一走，淳安总算要守得云开见天日了！"方景自浮了一大白。

自从胡督公子被海瑞抓起来后，这位淳安本地的大乡绅立时乖巧起来，淳安知县衙门的命令都认真执行，绝对不打半个马虎眼。为了证明自己的孝心，还专门捐了淳安学府，给生员们改善生活，一时成为当县表率。

郑伦今天穿得素雅，似乎学习起海瑞的衣着打扮来。他并不如方景这般高兴，对于酒也是浅尝了一下，就放了下来。

郑伦沉默了一下，突然道："海瑞是个圣人。"

方景喝得有点头晕，以为自己听岔了："郑公子，你是开玩笑的吧。"

郑伦摇头，道："方老爷，海瑞可是迂腐之人？"

"那肯定不是，有手腕，有能力，这个方某佩服，有他在一天，方某一定乖乖当顺民，决不作奸犯科。"

"那海瑞可有贪污索贿？"

"那是绝对没有，甚至他来了以后，吏治清明，连寻常小吏都安分守己。"

"那海瑞可是沽名钓誉之徒？"

"这……不像，要不然胡督公子，以及鄢御史之事就不会发生。方某也阅人无数，就知道一个道理，沽名钓誉的都是怕死的，海瑞肯定不怕死！"方景摇摇头。

"那就是了，海瑞不要名不要利，又不是愚钝迂腐之人，不是圣人又是什么？"郑伦拍了一下手。

"这……但是海瑞害得我少了百亩良田，每年至少亏空了上千两银子……"方景咂了咂嘴，想了半晌只好道。

"也免了你不少规例银子，不然就是鄢御史一来，亏空只怕都不止这个数字。"郑伦笑笑。

方景上下打量了一下郑伦，奇道："郑公子，你今日怎么成了海瑞的说客，尽说他好话？"

郑伦苦笑道："郑某原来也读过圣贤书，但是当今朝廷吏治腐败，你若不能同流合污，就会被排挤弹劾……郑某自诩看破世间，也就断了仕途的念头，心想着顺其自然就好，自然就成了一个碌碌无为的酸秀才，若不是祖上还有点庇荫，也不知道变成何等模样……"

方景可不敢接话,这个所谓的碌碌无为,那是郑伦郑大公子自嘲,若是谁信了,那是真不知道这位淳安县的玲珑秀才心有多狠。

"海瑞真的不一样,在他身上,郑某看到了三代之治的贤人,看到了伊吕之风……"

这个时候,方景已经完全呆滞,完全听不懂郑伦在说什么了。

郑伦看了看方景的模样,也知道自己对牛弹琴,白瞎了自己的精神,复叹了一口气,一口闷干净了杯中酒:"喝酒,喝酒,今朝有酒今朝醉,明日愁来明日愁。"

"对对,喝酒,喝酒!"方景咧开了大嘴,笑了起来。

"我究竟是一个俗人……"郑伦心中悠悠叹气,眼睛望向了外面。

长街两边站满了百姓,自觉让开了一条路。

安静,沉默。

所有人的眼睛都望向了中间缓缓而行的人。

海瑞!

他走得非常沉稳,并不快,淳安的县民都知道,海知县不喜欢人跪拜。

所有人在海瑞走到跟前时,双臂合拢向前伸直,右手微曲,左手附其上,上身鞠躬四十五度,行了一个揖手礼，代表了无比的尊敬。

无论男女老少！

"这才是圣人！"郑伦起身，将杯中酒洒掉，同样做了一个揖手礼，代表了学子心中最后那点纯良。

## 参考文献

〔清〕张廷玉等：《明史·海瑞传》，中华书局标点本，1974年。

〔清〕黄以周等辑注：《续资治通鉴长编拾补》卷二十四，中华书局，2004年。

〔明〕邓世龙：《国朝典故》卷三十八，北京大学出版社，1993年。

〔明〕沈德符：《万历野获编·补遗》，中华书局，1989年。

第八章

一代文宗兴文教

## 立志
### 清乾隆四十五年（1780）

"稳住呼吸……"

"手不要抖……"

阮元用拇指勾弦，用食指和中指压住拇指，拇指上套着一个玉扳指，他的视线固定在目标上，双脚分开一肩宽。

他按照父亲的指示，尽量使用腹部深呼吸，尽可能使用背部的肌肉拉开弓。

弓是牛角弓，竹木胎、牛筋，是经过百十道工序加工而成的最好的弓。

在短暂停顿后，他松开了指环上的弦，并习惯性地顺时针轻微扭动手腕，拉伸臂随着惯性向后移动，在彻底放松后，阮元轻轻吸了一口气。

箭钉在不远处的箭靶上，正中红心。

阮元的祖父是武进士出身，官湖南参将，父亲阮承

阮元像

信是国学生，修治过《左氏春秋》，熟读《资治通鉴》，对阮元的要求，是文武兼备。

此时的阮元，年仅十七岁。

"过几日，你就要去李晴山先生处寓居，他是儒学大家，你要好好求学。"阮承信温和地看着自己的儿子，内心充满了自豪。

阮元低头应是。

"骑马和射箭万万不可落下，此儒者事，亦吾家事也。"

"孩儿知道。"

"你母亲近日身体欠安，要记得多回家看看。"

"孩儿牢记。"

"你可还记得为父要求？"

"孩儿记得，通文义、立志向学。"

阮承信的眼神越发温和起来。这个儿子六岁从三姑父贾天凝学，八岁师从扬州名儒胡廷森，九岁师从乔书酉，几个老师都对他赞誉有加，都道阮家出了麟儿。

更难得的是文武兼修。十七岁的阮元已经长得挺拔健硕，配上他那卧蚕眉、明亮的双眼，俨然是翩翩美男子。

"鉴于往事，有资于治道。元儿，你千万要牢记在心！"阮承信借用了宋神宗的话，再次勉励道。

阮元将弓箭置于一边，向着父亲跪下，双手伸向头前按地，头部前额碰在地上，行了庄严正式的礼节："孩儿牢记！"

这一刻，阮承信深信，自己的儿子，将会成为一个学识渊博、著述等身的鸿儒，会给自己家族和这个国家带来莫大荣誉。

## 学政

### 清乾隆六十年（1795）

学政署位于杭州吴山螺峰下，大致在今河坊街劳动路到延安路之间，现杭州第四中学内。往西穿过孔庙，就能到西湖边，是一个好地方。

署中老吏如往常一般，早早起床，头一件事就是到井边提一桶水，合着皂角液洗头。

皂角液是老吏照着古方自己制的，将皂角用水泡开，两三天后就可以将泡涨的皂角，用石臼捣烂，然后将捣烂的皂角加足够水烧开，再用小火熬，加些红糖，就制成皂角液了。

老吏的头发有点油腻，结成发辫后，总觉得粘在一起，十分不舒服，自从用了这个偏方后，就好了很多。

浙江学政署是文脉之地，即便是寻常老吏，也要时常注意自己的形象，别辱没了斯文之地。

老吏将洗干净的头发用布随意抹了一下，又打上了一盆水，对着水中倒影，摸出了一把剃头刀来。

剃头刀刀身长二寸，宽一寸，精铁打造，刀背厚重而刀刃轻薄，锋利无比；刀柄长三寸，宽五分，材质是贵重红木；刀柄与刀身结合处外用黄色精铜包裹，平添几分瑰丽。

这是老吏为了日常仪容，专门找人打造的，花费了不少银两，但确实好用，轻轻刮过，就能将前额碎发都刮干净，露出一层青皮来。再修理了鬓角、胡须后，老吏转动了一下脑袋，斜着眼看着水盆中略显模糊的倒影，满意地点下头。

梳洗完毕，老吏结好发辫，戴上从张允升线帽店买的西瓜帽，施施然去打开学政署大门，准备一天营生。

然后，老吏看见了一行人。

当头的是一个三十左右的年轻人，长身挺立，面色白皙，看上去斯文有礼，而他身后几人，书卷气也重，望之就知是读书人。

老吏在学政署多年，早就练出了一双慧眼，和当下传闻一搭，心里多少有点底。他沉了一下气道："此处乃浙江学政署，诸位有何要事？"

态度不卑不亢，尽显浙江学政署的教养和地位。

"瞎了你狗眼，这是新到学政阮大人，还不快快伺候！"第一个跳脚的是藩司吏胥。

"无妨，本官还未祭拜城隍，还算不得正式上任。"被称呼为阮大人的年轻人摆摆手，以示宽厚。

老吏心中立时判明，这是新上任的浙江学政阮元，同时也判断出这是一个好官，内心顿时松了一口气。做吏的最怕什么？最怕长官难伺候。如果能碰个好官，日子就好过多了。

"告罪，告罪，小人这就带路，阮大人请。"老吏连忙换了一副献媚的表情迎了上去。

这是阮元第一次来浙江，浙江学政署布置雅致，特别在西园，有一个荷池，池中有一座小亭，四周竹树茂密。听老吏介绍，这里入夏后，万荷竞发，清香袭人。

"这亭可有典故？"

"旧亭无名！"老吏道。他心里明白，读书人多半喜欢取个名，这亭本来就没有名字，就算有，若不出名，为了迎合上司，也可以说没有。

"风定池莲自在香！"阮元压根不知道老吏心中所想，口中忍不住念出陆游陆务观的诗。紧接着又道："既然旧亭无名，就叫定香亭吧。"

"好名字！"老吏心里立刻盘算，找个时间让这个阮大人写个字，找个好工匠立刻做块匾额，挂上去！

"这杭州城隍庙在何处？可有典故？"

按照清朝常例，新官到任必须祭拜城隍，还须斋宿，以示虔诚，而且新官的祭文不可抄写宽泛旧套，必出自己真心想法，以不敢枉法、不敢贪财对神发誓，所以要对本地城隍有所了解。

老吏一个抖擞，立马道："大人，这本地城隍庙就在附近吴山上，供奉的城隍乃是前朝浙江按察使周新，素来有冷面寒铁的名声，据说是被前明皇帝冤死的，后来托梦，才被敕封为本地城隍。"

"哦，居然有这个典故。"阮元立时来了兴致，决定好好去祭拜这位本地城隍。

当日晚上，阮元就搬到城隍庙中斋宿，第二天对着城隍周新的坐像，郑重许下了自己的誓言，除了不枉法贪财外，阮元还许下要为浙江学术做出一番事业的愿望。

回到学政署后，阮元按照惯例祭拜了仪门，即衙署的第二重门，在香案前三拜九叩头后，又前往仪门东侧土地祠祭拜，随后由老吏呈送了到任文书佥押，用印后，正式上任。

老吏在庆幸迎来一名好官时，并不知道，这位叫阮元的学政官能为杭州带来多大变化！

## 修书

### 清嘉庆元年（1796）

正月初一，乾隆帝将大清的帝位正式禅让给了自己的十五子颙琰，修改年号为嘉庆。

对于这个继任者，乾隆帝整体来说是满意的，主要在于四点：第一，皇十五子性格比较老成，自制力很强，办事很认真；第二，生活很俭朴，为人谦逊；第三，文武兼修，对儒家心学颇有研究，骑射功夫也在众皇子中为翘楚；第四，也很重要，皇十五子长得端正、上相，有贵人相貌。

禅让仪式盛大华美，那天天气也特别晴朗，在一片庄重的"中和韶乐"中，乾隆帝将代表权力的那颗宽三寸九分、厚一寸的青玉大印微笑着递到跪在他面前的嘉庆帝手中，完成了一次平稳的权力交接。

《清史稿·仁宗本纪》记道："初逢训政，恭谨无违。"

正是这种交接，也导致嘉庆前期的施政纲领，只有一个字"稳"！

在这种大环境下，远在浙江的阮元，有机会去实施他内心的一个想法。

修撰《经籍纂诂》。

经是儒家经典，籍是儒家经典以外的典籍，纂是收集整理，诂是指古人对古书的注解。

阮元内心早有想法，要把这些经典中的字和注汇为一编，按平上去入四声分列，一韵为一卷。

当这个想法抛出来的时候，浙江衙门是震惊的，但是恰逢禅让大典，没有人对此提出异议。盛世历来是修典的，新帝登基，以浙江学政牵头，修撰一部鸿卷，似乎也是很好的想法。

重要的是，阮元是何人？

二十六岁时就已经会试第二十八名（中进士），殿

孤山诂经精舍旧址

试二甲第三名，赐进士出身，朝考钦取第九名，改翰林院庶吉士，充万寿盛典纂修官、国史馆武英殿纂修官。

二十七岁，散馆，钦取一等第一名，授翰林院编修。

二十八岁，大考翰詹，乾隆帝亲擢一等第一名，升少詹事，奉旨南书房行走。

绝对算得上顶级鸿儒，由他来负责编修，还担心什么？这是浙江之幸！

在获得了充分支持后，阮元第一件事，是选址。

修纂是要一群人汇聚在一起的，这是一个巨大的系统工程，首先就要解决吃住问题。

现有的学政署根本不敷用，必须重新选择地方。

阮元对选址这个事情就非常看重，在他的理解中，只有一个良好的环境，甚至是一个让人身心舒畅的环境，才有可能做好学术工作。

在看了诸多地方后，阮元来到了孤山南麓。

第一眼，他就喜欢上了这里。

"孤山寺北贾亭西，水面初平云脚低。"

孤山四周环水，山不高，只有百尺左右，山间花木繁茂，宋理宗在此建过西太乙宫，康熙、乾隆两位圣天子在此也建过行宫；北麓有放鹤亭，这是纪念北宋隐逸诗人林和靖所建；东面则有七大书阁之一的文澜阁，纪

文澜阁

念欧阳修的六一泉；山巅有宋建的四照阁，可谓亭台楼阁错落有致，算是一座立体园林。

也难怪白居易要说："蓬莱宫在水中央。"

更有诗说："钱塘之胜在西湖，西湖之奇在孤山。"

"子恭，此处修建房舍，可好？"阮元捺住欣喜，回头问门人。

被称为子恭的年轻人，是阮元的弟子陈鸿寿，小阮元四岁，是浙江杭州人，在阮元当浙江学政之前，他就陪同阮元游山东，也算是亲近之人。

陈鸿寿擅长参理文檄，在经学、金石、书法方面颇

有造诣，是后来被称呼为"西泠八家"中的人物。

"甚好！"陈鸿寿的回答干脆简单，事实上他也很喜欢这里，背山面水，如果能在此处做一番学问，那是大大的好事！

阮元点了点头，下定决心，要在此处做点事情。

一年后，五十余间房屋在孤山南麓拔地而起，几乎同时，臧庸兄弟、何元锡、陈鳣等学者陆续入住，开始编纂《经籍纂诂》，历时一年。嘉庆三年（1798）书成，次年刊出，计一百十六卷，为古书训诂总集。

而在此时，阮元被召唤回京，因为有大的变故即将发生！

## 巡抚

### 清嘉庆四年（1799）

正月初三，太上皇乾隆病死在养心殿。

嘉庆皇帝一如惯例，服丧哀悼。不过大家都知道，在乾隆帝病重的时候，嘉庆帝进行了一系列的人事调整，将大量地方能吏调到中枢，并频繁会见了其中的一部分。

嘉庆帝勉励了阮元，特别是对他修纂《经籍籑诂》表示了极大的赞赏。盛世本来就是应该修史的，整理古籍，是能够查漏补缺，保证文脉延续的重要手段。

除了修纂《经籍籑诂》外，阮元还摹刻天一阁拓北宋《石鼓文》，嵌于杭州府学明伦堂壁间，修《淮海英灵集》《两浙輶轩录》《曾子十篇注释》，刻《小琅嬛仙馆叙录书三种》，可谓大兴浙江文风。

总体而言，嘉庆帝对阮元的政绩是非常满意的，同时也表达了让阮元在各部积累经验的想法。此时阮元已经调补礼部右侍郎，嘉庆帝有意让他兼任兵部左侍郎，了解兵部政务。

阮元表达了遵从和感谢，并没有就其他热点展开讨论。

当下朝廷最大热点，就是嘉庆帝对和珅的处理。先帝在时，大事还是需要经过先帝批示，和珅充当了一个传话人的角色，而他颇有以先帝恩宠为倚仗，行事间并非以嘉庆帝为核心。

正月初八，嘉庆帝将和珅下狱，整个朝廷都知道，嘉庆帝是要拿这个乾隆朝最大的权臣开刀了。

"朕要治和珅的罪，爱卿有何谏言？"

不管阮元如何回避，嘉庆帝还是问了这句。

阮元内心一个咯噔，低头道："臣以为，不可治之以贪腐，有违先帝英明。"

这句话，其实阮元来的时候就有所斟酌，嘉庆要杀和珅，最大的原因是和珅专权，已经动摇了嘉庆的统治。先帝在时，基于"孝"道，嘉庆不能有所作为；先帝一驾崩，嘉庆立刻将和珅下狱，也是用雷霆手段来解决问题。

阮元也有所听闻，和珅富可敌国，贪腐之名绝对可以定其死罪，但是……

若用此罪，和珅党羽众多，只怕要杀得人头滚滚，其中许多也算地方干才。此时嘉庆帝属于真正意义上的亲政，更需要稳固好朝廷吏治，再图慢慢改变。

嘉庆帝是聪明的，如何能听不懂阮元传达的意思？虽然不甚高明，却也显得一片赤子之心。他盯着阮元看了半晌，这才道："你很好！"

阮元连忙磕头告退，只觉得后背一片湿凉。

正月十三，嘉庆帝宣布和珅二十条大罪。

正月十八，廷议凌迟，不过固伦和孝公主和刘墉等人建议，和珅虽然罪大恶极，但是毕竟担任过先朝的大臣，可改赐和珅狱中自尽。最后赐和珅在自己家用白绫自杀。

在处死和珅的第二天，嘉庆帝发布上谕，申明和珅一案已经办结，不大规模地牵连百官，以安朝臣之心。

而阮元此时，已经正式兼兵部左侍郎。

三月，调户部左侍郎，充经筵讲官。

七月，兼礼部左侍郎。

十月，奉署浙江巡抚，大学士刘墉有诗文送行。

阮元就此开始了长达十余年的抚浙生涯。

# 办学

## 清嘉庆六年（1801）正月

楼台耸碧岑，一径入湖心。不雨山长润，无云水自阴。断桥荒藓合，空院落花深。犹忆西窗月，钟声在北林。

阮元轻念的是唐代诗人张祜的《题杭州孤山寺》。

"张公子不愧为海内名士。"在阮元身边的已经有点年纪，人长得清瘦，是著名的金石学家王昶，所言张公子正是指张祜，当年这位诗人的尊称。

"德甫觉得此处如何？"阮元对这位大家是非常尊重的。

"甚好，甚好，绿水青山，是做学问的好地方。"王昶眯着眼，点头道。

一众人所立之处，正是阮元当年当浙江学政时，主修的一片房舍。

此时的阮元心情还是舒畅的，离开了京城的是非之地，年前，他又主持了阮氏宗祠在扬州公道桥旧里的修建，并亲书楹联三副，一为"鲁浙试文章，杜绝院棚关节；江湖种芦稻，筹开祭赡章程"；二为"文秉枢衡；武承嗣荫"；三为"恩传三锡；家衍千名"。

这也算是对阮氏宗亲对他的关爱的报答，也抒发了他自己的内心想法。

当过学政官的他，回到浙江，第一时间还是想到了文学，所以一早就邀约了几个名家到了孤山。

阮元有一个想法，想在孤山开一个学术研究的场所，能够更好地传播学术，名字他也想好了，就叫"诂经精舍"。

"渊如以为？"阮元又转头问另外一个人。那人五十出头，身体倒也硬朗，叫孙星衍，是清乾隆五十二年（1787）殿试榜眼，精于金石碑版，工篆隶书，尤精校勘。

"不错！"孙星衍也点头表示赞同。他现在贵为署理按察使，但是金石之学还是他最喜欢的。

阮元浓密眉毛下的双眼顿时放出亮光，有这两位大师支持，这"诂经精舍"的主讲就有了足够分量。

"子恭，你与秋水辛苦一下。"此事，阮元还是交给陈鸿寿和武义人张鉴具体负责。张鉴家境贫困，不过颇为好学，阮元也十分看重他。此事由这二人负责，他也放心。

"是，大人。"陈鸿寿是一个务实的人，并不需要太多言语。

"大人，讲学科目可有考究？"张鉴出身清贫，内心总有不自信的地方，在此时，忍不住多问一句。

阮元道："除经生常业外，需以天文算学别为一科选拔人才，让那些拙于时艺，但在天算方面颇有造诣的读书人有机会入学深造。"

张鉴恍然，这阮巡抚还是注重实学。

阮元停顿了一下，继续道："问以《十三经》《三史》疑义，旁及小学、天文、地理、算法、词章，不用八比文、八韵诗。"

"教学方式以学生自学研讨为主，教师讲解指导为辅。"

"对了，舍中祭祀许慎、郑玄。"

许慎是汉代有名的经学家、文字学家、语言学家，是文字学的开拓者，所著《说文解字》，是中国首部字典；郑玄也是汉代的思想家、经学家，他创立了郑学，破除了过去今古文经学的家法，是东汉时期遍注群经的大学者。

阮元之所以要祭祀这两位先人，除了敬仰先贤外，也是希望精舍的学子能够不循规蹈矩，能够自己开拓一番事业。

在场的众人均眼前一亮，一省督抚能如此开明，浙江文学大有可为！

"对于学业突出、考课优秀的学生，不仅给予奖励，还要将其诗文佳作雕版印刷！"

阮元大手一挥，说出了自己的最后设想，名字也想好了，就叫《诂经精舍文集》。

此时，他并没有想到，因生徒"各能以长自见"，"于古今学术洞悉本原，折中无偏，实事求是，足以发明坠义，辅翼经史"，《诂经精舍文集》被众多学者书院收藏，深受赞誉，开大清书院选刻课集的风气。

"大人明鉴！"在场众人衷心赞扬道，并同时双手打拱，弯腰低头，一揖到地，用肢体语言进一步表达了内心赞许。

在办理完"诂经精舍"事宜后，阮元就回到浙江巡抚衙门，专心处理一省督抚的三件重要事情。

其中之一，就是吏治腐败。

嘉庆五年（1800），阮元实授浙江巡抚，第一件事就是清查府库，发现省属仓库竟然亏空白银四百六十多万两，进而发现居然是上级收受贿赂，勒索钱财，下属挪用公款送礼献媚。

此外，侵吞公款，中饱私囊，逐级仿效攀比，几乎到了触目惊心的地步。

阮元一上任，就严整吏治，严格监督抚、司、道各级衙门，同时限令各州县衙门节省开支，节省费用按月解缴藩库，且取得实效。

而今日，阮元主要处理海塘贪污的问题。

"海塘工程由各州县帮办，主政之人权限甚大，若按照以往陋规，贪腐之事恐难以禁绝。"陈鸿寿从一堆材料中，很快就发现了问题所在。

"子恭有何高见？"对于这个幕僚，阮元是非常满意的，务实、踏实，做事稳重，而且极其聪慧。

"下官以为，可从两点入手。第一万万不可再由州县帮办，而是先行委派精通水利的工匠将用工用料仔细核算，登记造册并严加审理；第二由地方百姓推送当地乡贤，取公正之士主持工程。海塘关乎沿岸百姓生计，由民监督，质量、工期均可控。"陈鸿寿略略思索，回道。

阮元摸着胡须，沉思了片刻，觉得此议甚好，拍手道："子恭良言，就按此办理，行纳条文，择日通告各州县。"

"是，大人！"

"李西岩是否在外候着？"阮元所问之人，是原定海镇总兵李长庚，现福建水师提督，寻调浙江。

嘉庆五年（1800）夏，安南海盗联合水澳、凤尾两帮粤东土盗进犯浙江沿海，逼近台州，李长庚配合阮元阻击海盗，迫使对方在松门山下相持。

结果台风大作，贼船覆溺殆尽，其泊岸及附败舟者均被俘虏，安南伦贵利等四总兵同时被俘，阮元还敕印掷还其国，大大打击了安南海盗的嚣张气焰。

所以说，阮元和李长庚有很深的交情。

"是，大人。"

"快快唤他进来！"

不一时，一长身挺立的赳赳武夫就走了进来。

"请阮大人安！"李长庚屈左膝，弯右腿，垂右手，上体稍向前俯，打了个千。

"西岩客气了，看座！"阮元拱了拱手，示意其坐下。

李长庚寻了左手位置坐下，屁股沾了半边，上身挺得笔直，礼数异常周全。

阮元是聪明人，看到李长庚这么客气，肯定有所求。

"西岩，有何事？"

"大人，嘉庆五年的时候，卑职在大人麾下，击破安南艇匪。此后，安南新阮内附，受封守约束，艇匪无所巢穴，在闽者皆为漳盗蔡牵所并，有乌艚船艇百余。"

"可是那同安人蔡牵？"

"是！"

"风闻此人狡猾，善用众。只怕水澳、凤尾诸党皆会归之，猖獗难治！"

"大人明鉴！"李长庚拱了拱手。

"此来可有所求？"阮元看他异常客气，索性开门见山。

"大人，夷艇高大，水师战舰不能制。上次是托飓风之福，若真对战起来……卑职以为，还是要造大舰、铸大炮，不然……"

李长庚脸色肃然，足以显示此事的严重性。很多话他也不明说，但是以他对阮元的了解，是一定能听懂的。

阮元起身，来回踱步，良久方站定道："李将军，此事托在我身上，你需要多少银两？"

"十余万……"李长庚不得不脸皮厚。只有这样的钱，才能造出三十艘大舰，并配以四百余门大炮，他才有信心击败艇匪。

阮元点了点头，并没有讨价还价，此乃国家重事，多少银两都是要投的。

"子恭，邀约城中巨贾集捐，再盘盘府库银子。"

"是，大人。"陈鸿寿记录下今天第二件重事。

阮元对李长庚的支持，是此后击败海贼匪患的关键，也帮助了浙江免于匪乱。

在送走李长庚后，阮元又继续关心修筑海塘的事宜。

清朝对海塘修筑异常重视，乾隆帝六巡江南时，就视察了海宁一带的海塘情况。

当时在今杭州余杭和海宁交界的章家庵以西，仅借一条土塘范公塘护卫，形势单薄。

乾隆帝回宫以后，立刻下拨五百万两库银，谕令自新建石塘尾起，越范公塘一带，直抵乌龙庙止。

乾隆四十九年到乾隆五十二年（1784—1787），全部鱼鳞大石塘工程竣工，浙江海防系统最终形成。

阮元一上任，首要工程就是对海塘的加固和整修。整个海塘两千九百三十多丈，从范公塘到东西柴塘，每块地方，阮元都亲自看过，并提出了修整意见。

"海塘基本完善，偶有缺漏，也已经修补。"陈鸿寿做了简短的汇报。

阮元点了点头，修筑海塘之事，关乎百姓安危，容不得半分懈怠："塘之坚浮、工之难易，诚沿江者习练轻熟，要多用好修塘世家，中央府库拨付务必到位，不许衙门、公差克扣。"

"是，大人。"

钱塘江潮（老照片）

"海塘之事，在于长久，地方士子为地方之民，忧地方之忧，万万不可让其丧志，要多加勉励……刚才你的建议甚好，可选贤良，委为总管，负责筑塘事务。"

"是！"陈鸿寿做了仔细记录，这才发现阮元半眯着眼睛，精神略显困顿。

陈鸿寿身为幕僚，对于这位上官是异常佩服的，不但文采出众，热衷办学，对于地方督抚之事也兢兢业业。更难得的是，并不迂腐，行事有章法条理，才上任这么点时间，就处理了这整治吏治、平定海寇、修缮海塘三件大事。

这哪一件是轻松如意的？

还不是得靠自家上官殚心竭虑，废寝忘食，世说阮元是个大文官，只看到他修书立传的风光，却不知他是如此勤政爱民。

思虑间，陈鸿寿发现阮元已经在打盹，也不敢多加打扰，悄悄退出，掩了房门后，自去通知府中仆役候着照顾。

# 藏书

## 清嘉庆十四年（1809）

下笔千言，正桂子香时，槐花黄后；
出门一笑，看西湖月满，东浙潮来！

阮元写完最后一个字后，摸着胡子笑了笑，此对联是要挂到杭州贡院门口的。阮元的意思，是让这些考生不要太过紧张，放松心情。漫漫科考长路，有个好心情是最为关键的。

阮元想到这里，又自嘲了一下，自己已经二度抚浙，经历过丧父之痛后，还有什么看不开？这些莘莘学子哪里经历过那么多。

"大哥！"唤他的是阮元从弟阮亨。原来的幕僚陈鸿寿拔贡之后，在赣榆（今山东海州地区）任知县，听闻其在任上捕盐枭、筑桥梁，特别在当地治理河道有方。

比起陈鸿寿，从弟阮亨略有逊色，不过胜在是自家人，做事也用心。

"梅叔，有甚好消息？"阮元眯着眼，笑道。

这个从弟，就是藏不住脸上神色。

"大仇得报！那个贼厮在渔山外洋，发炮自裂坐船，与妻小部众沉海而死！"阮亨高兴道。

阮亨说得没头没脑，但阮元知道指的是谁。

大寇蔡牵！

嘉庆十二年（1807）底，在广东黑水外洋，蔡牵于船尾发炮，击杀了李长庚。

阮元一阵唏嘘，往南拜了拜："西岩，你在九泉之下可以瞑目了。"

"大哥，还有一个喜事，西湖疏浚结束了！"

西湖是杭州瑰宝，需要经常疏浚。其中最著名的有几次：

第一次是在唐长庆二年（822），白居易来杭州任刺史时疏浚过西湖，为了解决灌溉问题，在钱塘门外石涵桥附近修筑了至余杭门（即今武林门）的长堤，名曰白公堤。

第二次是吴越国主钱镠组织军队对西湖进行大规模疏浚。

第三次是在北宋元祐五年（1090），苏东坡撤废了湖中私围的葑田，深挖湖底，并在今湖心亭一带全湖最深处建立三座石塔，以禁植菱藕；为防止湖底沉积淤塞，又把挖出的大量湖泥，在湖中建筑了一条沟通西湖南北的苏堤。

第四次是在明正德三年（1508），四川人杨孟瑛在杭州任知府后进行的一次疏浚，同时把挖掘的湖泥在西山脚堆筑了一条长堤，即现在的杨公堤。

而这一次，是第五次！

阮元在当学政官的时候就喜欢在西湖边散步，那时的官署离西湖也近，走走路也就一刻钟工夫。让阮元感到遗憾的是，西湖久未打理，葑田又起。初到浙江，阮元就着手疏浚事宜，但是中间遇到了父亲去世，丁忧了三年。

所以他一回杭州，立刻启动了工程，总计花费了四千余两白银，历时两年，民工开挖大量淤泥，尽数堆积在湖心亭西，成了后世的"阮公墩"。

此时的阮元还不知道，正是他的努力，让西湖从此形成双塔、三堤、三岛的格局。

"甚好，甚好。"阮元点头，准备移步西湖，看看最后疏浚的成果。

"大哥你还先得去灵隐，翁老请你去。"阮亨连忙拉住阮元，又道。

阮元看了阮亨半晌，感觉这个从弟的脸上像是闪耀着什么光芒。

阮亨被阮元的目光盯着有点发毛，摸了摸自己的糙脸道："大哥，你看什么？"

阮墩环碧

"运数！"阮元开玩笑道。

这个阮亨，今天倒是带来了运气。阮亨口中的翁老乃是著名学者翁方纲，他倡议搞一个书藏。阮元是一个文人，自然欣然同意，还特地和灵隐寺沟通，在大悲阁创办一个灵隐书藏，没想到，这么快，这个事情就定下了。

翁老有请，自然先行去灵隐，西湖可稍后再去。

阮元立时下了判断。

这一日，阮元在一片檀香中，开启了灵隐书藏。书藏以唐人宋之问《灵隐寺》诗中"鹫岭郁岧峣"编号，每一字为一橱号。

"选云林寺玉峰、偶然二僧薄录管钥之别，订条例，使可永守。复刻一铜章，遍印其书，而大书其阁匾曰：灵隐书藏。盖缘始于复初诸集，而成于诸君子立藏之议也。"

为了更好地管理书藏，阮元还设立条例。

《书藏条例》共有九款，分别如下：

一、送书入藏者，寺僧转给一收到字票。

二、书不分部，惟以次第分号，收满"鹫"字号橱，再收"岭"字号橱。

三、印钤书面暨首叶，每本皆然。

四、每书或写书脑或挂绵纸签以便查捡。

五、守藏僧二人由盐运司月给香灯银陆两。其送书来者，或给以钱，则积之以为修书增橱之用，不给勿索。

六、书既入藏，不许复出。纵有审阅之人，但在阁中，毋出阁门。寺僧有鬻借霉乱者，外人有携窃涂损者，皆究之。

七、印内及簿内，部字之上分经史子集填注之，疑者阙之。

八、唐人诗内复对天二字，将来编为后对后天三字。

九、守藏僧如出缺，由方丈秉公举明静谨细、知文字之僧充补之。

此书藏在设立后，产生了绝大影响，与收藏四库全书的七阁并驾齐驱，儒林文苑仰若日星，众多知名人士的文集纷纷收藏于内，成为最早的公共图书馆。

阮元《杭州灵隐书藏记》书影

阮元及翁方纲的想法是美好的，将自己的书藏之于名山古寺，檀香与书香环绕，又可以借助寺庙保佑，使之得以永久流传，不愧为藏书史上的佳话。

然天不遂人愿，丁丙《焦山藏书记》载："清咸丰十一年（1861），杭州再陷，文澜阁书摧毁六七，而灵隐书藏亦随龙象俱灰。"

而阮元，受浙江学政刘凤诰科场舞弊案牵连，革职。

上谕曰："明系徇庇同年，阮元止知友谊，罔顾君恩，轻重倒置，不可不严行惩处，即著照部议革职。"

此后，阮元历任漕运总督、湖广总督、两广总督、云贵总督等职。历乾隆、嘉庆、道光三朝，官至体仁阁大学士、太傅，但是与浙江，再也没有联系。

# 附记

阮元是著作家、刊刻家、思想家，在经史、数学、天算、舆地、编纂、金石、校勘等方面都有着非常高的造诣，被尊为三朝阁老、九省疆臣、一代文宗。

杭州人为了纪念他，在吴山给他树了一个祠曰"阮公祠"。

阮公祠位于吴山元宝心60号，此地曾为道士修行之

阮公祠

所。唐代道士韩道古于此结庐修行，后元代道士冉无为在其故址建三清宝阁。明洪武年间成为道教全真（派）丛林，名重阳庵。清光绪五年（1879）改建为阮公祠，祀清浙江巡抚阮元。

阮公祠坐西朝东，占地约 320 平方米，面阔五间，通面宽 20 米，进深 11 米，台基由花岗岩条石砌成，高 0.5 米，硬山顶，檐廊式砖木结构。

大殿为中堂形式，中立巨幅阮元线刻像，前置几案，两侧壁间有名为"剿灭海盗""修筑海塘""疏浚西湖""创办诂经精舍"的四幅瓷板画，展示了他在浙江时的主要事迹。殿内悬有阮元书法作品，另以展柜的形式，陈列阮元的年谱、书法作品遗迹及各种版本的阮元相关著作。

## 参考文献

〔清〕阮元：《定香亭笔谈》，中华书局，1985 年。
〔清〕张鉴：《阮元年谱》，中华书局，2006 年。
尚小明：《阮元幕府及其对清代学术的贡献》，《学术论丛》1998 年第 2 期。
金丹：《阮元与浙派印人交游考》，载《百年西泠千秋印学国际印学研讨会论文集》，西泠印社出版社，2003 年。
施奠东：《西湖志》，上海古籍出版社，1995 年。

**丛书编辑部**

郭泰鸿　安蓉泉　尚佐文　姜青青　李方存
艾晓静　陈炯磊　张美虎　周小忠　杨海燕
潘韶京　何晓原　肖华燕　钱登科　吴云倩
杨　流　包可汗

**特别鸣谢**

楼含松　卢敦基　江弱水（系列专家组）
魏皓奔　赵一新　孙玉卿（综合专家组）
夏　烈　丁莉丽（文艺评论家审读组）

**供图单位和图片作者**

杭州运河集团　杭州饮食服务集团
朱家骥　郑从礼　周兔英　赵晓宽　钟　笛
姜青青　姚建心　韩　盛　鲁　南（按姓氏笔画排序）